臺灣

法律歷史上的今天

法曆

一月 ·························· 六月

PLAIN LAW MOVEMENT

法律白話文運動
著

三月 你是忘記了，還是害怕想起來？

四月　啊！自由，真香

五月　走過那些容易失去生命的年代

六月　國家機器，似乎動得很厲害

用「非法」觀點
談法律

楊貴智

法律白話文運動站長

　　法律白話文運動自 2014 年起從臉書發跡，到了 2017 年年底，開始面臨社群平台的典範移轉：大眾化的平台逐漸走向平台分眾化，我們發覺讀者逐漸流向 Instagram，但是法律知識型粉絲團如何能在此種圖像為王的平台生存？

　　絞盡腦汁之下，「歷史上的今天」此一江湖老梗突然映入我心中，這個專案只要每天上傳一張日曆，卻能執行長達一年，CP 值甚高。於是我找了苦主珞亦，帶著佳穎、珈僾、丞竣、廷奕、介柔、玟嶸、伯威這些跳入法白這個火坑的學弟妹一起把老酒裝入新瓶，在 2018 年起開啟「歷史上的今天」此計畫。

　　對於法律白話文運動來說，「歷史上的今天」此一計畫的意義在於為「法律」找到更大的延展性。法律之前人人平等，意味著法律是普世而深入在每個人的生活乃至於生命之中；法律為人們的行為劃下物理公式般的規範，然而人們的行為讓法律的生命發生化學變化般重組，但是每當談到「法律」，卻總是難以引起人們的興趣，因為大部分民眾的生命經驗裡不曾也無須上法院面對訴訟程序。法律像是鬼魅般：每個人都在說但是沒有人看過。

　　地球不停地公轉，時間無情地前行，本應毫無關聯的事件，偶然交疊於「同一天」，使我們得以回首「過去」，進而對「現在」的一切看得更加透徹，然後嘗試掌握未來。透過「歷史上的今天」，我們得以回顧曾經發生在臺灣這塊土地上的事，而這些事件發生在我們周遭，片片積累成為我們現在的臺灣，我們卻極其健忘，總要幾近失去才要記取教訓，法律白話文運動希望這個計畫以及這本書能夠用力為大家保存記憶，更希望讀者能透過這本書了解法律其實時時刻刻就在我們身邊。

我們一直想書寫
屬於臺灣人的故事

劉珞亦
法律白話文運動社群總監

從小我們生在這樣的土地上，但是我們對於這塊土地上發生的事情，記憶好像總是那麼的模糊。「過去就過去了，管他那麼多幹什麼」—— 是一句經常聽到、也顯得理所當然的話。

坦白說，這是一件不正常、而且非常很難過的事。

法律白話文運動決定推出「法律歷史上的今天」這個企劃後，我們開始書寫這塊土地曾經經歷過的故事，並且將這些故事中的法律，簡單地介紹給大家認識。在這樣的過程中，我們也才意識到，原來許多我們認為理所當然的事情，其實都是經過許多人用血淚、用青春，才換來我們現在的安穩。

我們現在可以享有充分的言論自由，是前人鬥爭而來的。不過三十年前，曾經就有一個《懲治叛亂條例》箝制著我們—— 只要國家認為你的思想在顛覆國家，就會把你抓起來，許多人甚至因此失去生命。

這樣的法律後來是如何被修掉、近而建構出我們現在的自由民主，是每個臺灣人都應該要了解的故事—— 可是對此我們好像永遠是那麼的陌生。讓這樣之於臺灣影響如此之大的事件，在臺灣民主化的成長過程中消聲，似乎是一件不對的事情。

如果不了解我們共同的過去，就不可能想像我們共同的未來。

這個企劃要非常謝謝每天產出的作者們：感謝介柔、珈熒、佳穎、廷奕、玫嶸、丞竣、伯威這一年來的幫忙。沒有你們，「法律歷史上的今天」沒辦法做到「每天」出文。也非常謝謝後半年也加入幫忙的鎬佑、孟翰、大鈞幾位夥伴。

特別謝謝玫嶸最後的辛苦修正。也最謝謝伯威，一個念法律卻在設計上技能點滿的 IG 小編，感謝你每天改文案，確保文章可以順利且有質感地出去。

願大家能了解臺灣的過去，也盼望臺灣有更好的將來。

JANUARY

一月

**臺灣曾經的內部，
以及外面的世界**

選票比較低，為什麼可以當選總統？

2001
一月
7
好奇怪的
選舉人制度

2001 年 1 月 7 日，
美國國會正式確認共和黨候選人小布希，當選美國總統。

● 我得票比較高，卻輸掉選舉？

　　2000 年 11 月 7 日，美國正進行總統選舉，正當全部的州都開完票時，只剩佛羅里達州尚未開完，通常只剩一個州沒開完票並不會影響選舉勝負，但這個州的「選舉人票」卻會決定未來的總統寶座。原因在於美國總統選舉採行「選舉人制度」，雖然每一州的每一位選民都還是要出來投票，還是會有全美各候選人的得票數和得票率，但決定誰當選總統的關鍵在於：在該州獲勝的候選人就可拿下該州所有的「選舉人」票，該州輸的候選人，則一張選舉人票也拿不到。

　　在美國一共有 538 張選舉人票，只要拿超過 270 張就過半當選。2000 年選舉時，在佛州尚未開完票的當下，布希拿了 246 張選舉人票，高爾拿了 267 張，都尚未過半，而佛州的選舉人票為 25 張。因此誰拿下佛州，誰就可以進白宮。

　　當時因為布希一直領先，新聞也宣布布希獲勝，高爾也致電恭喜布希當選。但事情在一個多小時後出現變化，布希原本領先的票數一

直大幅下降，差距約只有 1,000 票，高爾隨後向布希撤銷敗選，成為史上第一位撤銷敗選承認的總統候選人。

● 歷史上著名的 Bush v. Gore 案，訴訟攻防戰爭開始！

最終宣布的數據，布希以 1,784 票領先高爾，領先幅度約 0.03%。按照規定，差距在 0.5% 以內需以機器重新計票，機器計票結果呈現布希領先票縮小到約 300 票。因此民主黨針對其中較有優勢的四個郡，向選委會申請「人工計票」，雙方進行一陣訴訟攻防後，最後人工計票仍由布希陣營以些微票數贏得選舉，也宣布贏得佛州，確定贏得總統選舉。

但後來高爾又向法院提選舉訴訟，並主張有些有效票應該被計算為無效票。佛州最高法院作出對高爾有利的判決，全州必須人工重計「劃記不足選票」，這代表高爾可否成為總統，突然有了有一線生機！

但小布希也非省油的燈，立刻上訴至聯邦最高法院，並且以 5：4 同意受理並且核發禁制令，暫時禁止佛州最高法院的判決，最後也是以 5：4 做出了判決，認為佛州最高法院並未提出明確計票標準，違反聯邦憲法增修條文第 14 條。因此全州人工計票就到此結束，高爾也承認敗選，他道：「現在，美國最高法院已經作出判決，一切爭議就到此為止。我對最高法院的判決極不認同，但我接受這項裁決，接受下週一選舉人團所將確認的結果。今晚，為了人民的團結以及美國民主的健全，我在此承認敗選。」

● 其實川普也是這樣？

沒錯，其實川普輸了希拉蕊 300 多萬票，但也是贏在「選舉人制度」。不過因為這次差距較大，所以並未透過訴訟解決總統寶座事件。這也讓人民反思，美國特有的「選舉人制度」，是不是已經到了改變的時候了？

宗教，
真的可以
不遵守法律嗎？

2014

10

一月

日月明功案，
檢方起訴八人

2014 年 1 月 10 日，
日月明功案經過檢察官調查後，全案偵結，
包括有陳巧明、黃芬雀等 8 人，
被檢方以犯傷害致死罪為由起訴。

● **日月明功虐死案，是臺灣宗教歷史上的一個悲劇**

　　這件事發生在 2013 年的彰化縣，「日月明功」的信徒黃芬雀認為
她的兒子詹姓高中生吸毒，所以將他關進位在和美鎮的靈修會所「默
園」，並告訴教主陳巧明，兒子需要日月明功幫忙戒毒。結果有一天
詹生突然進入彌留狀態，送醫後不治。

　　經解剖檢驗報告後證實詹生並沒有毒品反應，代表詹生的死另有
原因，似乎是生前遭到凌虐，營養不良導致死亡。這件事引起許多人

討論宗教的意義，宗教的信仰可以為人帶來安定的力量，但有時過了頭是否會造成反效果？甚至不相信真實的世界？

● **宗教和法律的衝突？**

　　憲法第 13 條規定：「人民有信仰宗教之自由。」所以憲法有保障「宗教自由」，但如果宗教自由可以衝破「憲法」，反而造成憲法無法保護宗教自由，所以終究要找到一條平衡的線。我們知道宗教特別，所以可以有特別的架構來保護，但不代表可以無限上綱。所以在法律結構底下，「宗教」或許可以在管制上有較特別之處，但絕對不能因為宗教因素而逸脫法律，甚至不遵守法律的基本規定。

　　畢竟各種教義及活動，仍有後天延續發展的可能，如果完全放任自行橫衝直撞，不顧社會的既有規範，就是允許部分未經充分審議的規範決定其他人的生活，令少數具備魅力並掌握教義詮釋之人，用自身權力抑制信徒或非信徒於俗世之生活，左右其想像力之開展，壟斷極度單向的認同結構。這與宗教預設啟發心靈的功能相去甚遠，想想歷史上「贖罪券」的殷鑑依舊不遠。

　　但應該如何保障？要如何在特殊結構下取得平衡？當然這有其困難，需要更細緻地思考以及了解宗教的脈絡及意義，才有可能精準掌握。因此宗教固然要保護，但必須要和憲法的效力之間有良善的協調，否則將會是一場難以阻擋的災難。

員工殺人，
為什麼
我要賠錢？

2017

一月

11

八里雙屍案
更二審宣判

2017 年 1 月 11 日，
八里雙屍案被告謝依涵更二審宣判：無期徒刑訴。

● 這是發生在新北八里一家咖啡廳的殺人命案

　　兇手為「媽媽嘴咖啡店」的店長謝依涵，因為金錢以及複雜的情感
關係，而殺害陳姓男子以及其妻子張姓女子。該案在 2013 年一審時，
謝依涵被宣判「強盜殺人罪」並且被宣告「死刑」，後來二審宣判也
是死刑。但是，上訴到最高法院時，被撤銷發回更審，臺灣高等法院
更一審的結果，還是宣告死刑。再次上訴到最高法院以後，法院認為，
更一審的判決量刑基準中，沒有具體審酌犯罪者的犯罪後的態度，所
以再度發回更審。

　　而就在 2017 的今天，臺灣高等法院更二審依據刑法第 57 條，以

及「兩公約」中的《公民與政治權利公約》，綜合評估下，認為謝依涵並沒有前科，且獄中表現良好、再犯率不高等等因素，判決謝依涵無期徒刑。而全案也在當年的 4 月由最高法院駁回檢方及謝依涵的上訴，全案定讞。

● 為什麼沒涉案的「媽媽嘴咖啡店」呂老闆，也要賠錢？

我們在看謝依涵案子的時候，第一個想到的都是刑法，因為認為她犯罪。但是如果呂老闆沒有犯罪的話，依據當然就不會是「刑法」，而是要回到民法來看。

如果你的員工在執行公司內的職務時造成其他人的損害，你覺得老闆是否需要賠償？大家這時一定會覺得要「看情況」，當然，本來就是要看該職員所做的事情和工作職務上的關聯性，否則無限上綱，員工如果下班殺人，公司都要被罰，那真的有點不公平。但是最近法院的判決卻出現了矛盾。

除了謝依涵負起刑事責任外，兩名被害人的家屬也向謝依涵、呂老闆、兩名媽媽嘴咖啡股東等四人提起民事訴訟，要求連帶賠償。在張姓女子家屬的求償案件中，最高法院認為呂老闆等人沒有盡到監督責任，必須與謝依涵連帶賠償被害人張姓女子的媽媽。但是在另一名被害人陳姓男子家屬的求償案件裡，臺灣高等法院更一審卻認為，謝依涵對於犯案過程的供詞反覆不一，所以無法確定謝依涵是不是「利用上班時，在店裡對咖啡下藥」，因此判決呂老闆等人不必連帶賠償。

同樣的事實，法院卻作出了自相矛盾的判決，也許只能靠未來「大法庭」制度來解決。

蘇建和案再審，第一次死刑改判無罪

2003
一月
13

本案最後依速審法
不得上訴定讞

2003年1月13日，蘇建和案的3名被告，
在案發12年後，終於獲得第一次無罪判決。
但這個無罪判決，卻沒有讓冤案停止。

● 被國家平白冤枉

　　1991年3月24日凌晨，居住在汐止的吳銘漢、葉盈蘭夫婦遭強盜殺人，警察一開始循著線索找到了王文孝，王文孝也坦承犯罪。但警察不相信這起命案是一人所為，於是繼續詢問是否有共犯。之後王文孝誣指蘇建和、莊林勳及劉秉郎3人與其共同涉案，導致蘇建和等3人無辜牽連涉訟、甚至遭到警方刑求，最後判處死刑。

　　事情還遠遠沒有結束，後來三人一度被判無罪，但在同年八月被最高法院撤銷，並發回更審。2007年高等法院更一審再次逆轉，判

處三人死刑，隨後這個死刑判決又被最高法院撤銷，發回高等法院。2010 年，高等法院更二審再次判決三人無罪，2011 年最高法院再次撤銷這個無罪判決。直到 2012 年更三審，高等法院判決無罪，全案依刑事妥速審判法第八條的規定，不能上訴，纏訟 21 年終於無罪定讞落幕。

● 冤案帶給我們什麼反思？

冤案可以帶給我們許多思考，比如刑事司法體系為何會犯下如此大錯？從此可以得知人非萬能，法官自然也不可能是萬能的。所以在常民的法律想像中包青天的形象是很危險的，或許也能促使大家思考體制上的缺漏，比如被告的自白或是共犯對其他共犯不利的自白，是否能作為證據？

再來也該思考，國家到底該為這個冤案做出什麼行動才足夠？只要付出刑事補償法所規定的補償金就好了嗎？冤案當事人復歸社會的所需、造成冤案的相關人士責任追究與檢討也該有所作為才是，但在蘇建和三人的案子中，除了補償金以外其他什麼都沒有。

我們或許可以想想，人們總在新聞版面下指責「法律在保障壞人」時，是不是可以再思考一下，他們真的「必定」是壞人嗎？

兩大政治人物
被彈劾！

2009

一月

14

監察院因巴紐案
彈劾外交部長
及國安會祕書長

2009 年 1 月 14 日，監察院因為「巴紐案」，
對前外交部長黃志芳、
前國安會祕書長邱義仁提出彈劾案。

● 發生什麼事？

　　巴紐案是一樁行政官員未依法行政而導致的外交公帑併吞案。

　　2006 年 8 月，當時的國安會祕書長邱義仁指示當時的外交部長黃
志芳辦理我國與南太平洋島國巴布亞紐幾內亞共和國建交事宜，並且
直接指派中間人推動建交案。

　　同年 9 月 14 日，外交部將 2,980 萬美元匯入掮客於新加坡華僑
銀行開立的聯名帳戶內，當作建交後的援助金。後來黃志芳部長認為
巴紐並不是真心想要建交，決定撤案，並向金、吳兩人要回鉅款，沒

想到兩人竟然把錢給吞掉了。

　　2009 年 1 月 14 日，監察院認為，外交部和國安會卻沒有任何作為，錯失追款先機，有重大違失，對邱義仁與黃志芳兩人提出彈劾案。

● 監察院的彈劾權是什麼？可以行使的對象有哪些？

　　按照憲法所規定的彈劾，是指如果中央和地方的公職人員「違法或失職」，就可以被監察院提起彈劾，如果被彈劾的原因是涉及「刑法」或是「軍法」問題，就可以移送司法機關來處理，或是也可以交付「公務人員懲戒委員會」處理。

　　但「彈劾」的效力一直以來也遭受許多人質疑並沒有太大的用處，因為如果涉及違反法律，司法單位本身就有權力可以處理，並非一定要透過「彈劾」，使得彈劾有時在政治上的意義似乎比較大。再者，如之前臺南市長賴清德，因議長李全教涉雙重賄選案而拒絕進入議會，遭到公務人員懲戒委員會記申誡一支，但這樣的處理其實對一位市長而言不會有什麼影響。

　　而現任臺大校長管中閔，也因為在擔任政務官時兼職撰寫社論，被以違反公務員服務法中的「禁止兼職」提起彈劾，最後也只被申誡處理。

　　因此，討論廢除監察院的聲音，也從未停過。

日本漁船
越界捕魚，
首次遭我方扣押

1997
一月
15
摸魚摸過頭，
臺灣是
全世界六大漁國？

1997 年 1 月 15 日，
我國的保七巡邏艦在恆春扣押日本越界捕撈的漁船。

● 發生什麼事？

於恆春半島南方七星岩附近一帶的海域上，我國的漁船在海上跑來跑去，就在這一天突然看見我方海域上，出現了帶有白旗紅點──也就是日本旗──的船隻，在那邊游來游去。

咦？這個地點不是屬於我國領海範圍內嗎？為什麼我們的鄰居日本漁船卻好像進到自己家一樣，快樂地悠遊在距離臺灣本島南方不到 2 浬的海域呢？怎麼可以侵門踏戶地捕撈我們的魚呢？於是，這艘日本籍第 58 正丸號漁船，被我們的保七巡邏艇押回東港，不讓漁船回到日本。

日方交流協會派了代表前往現場了解情形。事後日方承認其漁船確實侵入我國領海範圍內，因此願意尊重本國法律，使其非法捕魚之事依本國法律處理。在這次開罰裡，其實存在著「嚇阻」之意味。我國向日本船東開罰 15 萬元，該金額甚至超越以往臺灣漁船被日本扣押時需繳納的 5 萬元罰款。至於那約 1,700 公斤肥嫩嫩的魚貨，則是全部以 5 萬元在東港市場拍賣掉了。

● 是否為非法捕魚要怎麼看呢？

　　什麼是「領海」？領海是沿岸國領土基線外向海洋延伸最遠到 12 浬之海域。而沿岸國於領海之主權行使，便如同對自己的「領土」行使一樣。除非是行使「無害通過權」，否則你不可以想進去就進去，那是別人在海上的家的概念！而當日本漁船太靠近我國且捕撈漁獲時，即屬於非法捕魚。

● 說到「非法捕魚」，你不可不知「IUU」， 就像吃稀飯不能沒有肉鬆！

　　IUU 是由聯合國糧食及農業組織透過「預防、阻止與消除非法、未報告以及未受規範漁業的國際行動計畫」所整理出來的非法捕魚類型。聯合國早在 1995 年的魚群協定，就已針對非法捕魚有了初步規範，其中包括對魚類的養護和保育。只是早期該規範不甚嚴謹，也沒設想到非法捕魚會變得如此氾濫。後來由於違法捕魚過於嚴重，聯合國糧食及農業組織於是重整一遍文件再提一份新的文案，這便是後來我們所知的 IUU。而 IUU 的概念由於被區域漁業組織借用，所以加入漁業組織的會員國只要從事非法捕魚都可能受罰。臺灣也在歐盟的壓力之下，修訂了漁業三法（遠洋漁業條例、投資經營非我國籍漁船管理條例修正及漁業法部分條文修正）展現我們打擊非法捕魚的決心。

選舉輸了，行政院長要不要下台？

2016

一月

18

國民黨大敗，
張善政接任毛治國
為行政院長

2016年1月18日，國民黨在總統及立委選舉中大敗，
於是毛治國認為「按照慣例」
這時候行政院長應該要下台以示負責。

● 這個慣例哪裡來的？大法官又怎麼說？

　　1995 年，大法官在釋字第 387 號解釋說：「立法委員任期屆滿改選後第一次集會前，行政院院長自應向總統提出辭職。」照這樣看來，大法官也認為立法委員改選後，行政院長要下台。但事情不能只看表面，這號解釋前面還有一句話：「行政院院長既須經立法院同意而任命之，且對立法院負政治責任，基於民意政治與責任政治之原理。」看到這裡有沒有發現，這句話和現在行政院長的任命方式，好像不太一樣？

現在行政院長的任命方式，是總統叫你當行政院長，你就直接去忠孝東路一段 1 號報到上班。

不過，在這號解釋作成的 1995 年，當時行政院長的任命方式，是根據憲法本文的規定，需「總統提名且立法院同意」，也就是說若你想當行政院長，除了被總統提名還需要「立法院」的同意，你才可以當行政院長。

所以立委改選後行政院長要跟著辭職也還算有道理。假設立法院改選後多數黨換人當，在需要立法院同意任命的行政院長，如果前任沒有下台，他可能是不被多數黨支持的人選，反而成為不具民意基礎的行政院長，這不是民主政治應該出現的情況。於是大法官才會覺得，立法院改選後行政院長必須辭職、全體閣員也要跟著院長總辭。這代表著在過去的憲政制度中，我們的憲法本文比較偏向「內閣制」。

● 好像跟現在的制度不太一樣？

1997 年第四次修憲，在「憲法增修條文」裡大幅度的調整這樣的制度：行政院長的任命不再需要立法院同意，只要總統直接任命就可以了，那這樣的改變代表什麼意思呢？

修憲後，我們國家的憲政體制，似乎從「內閣制」轉向「雙首長制」。但問題來了 —— 如果憲政有這麼重大的改變，舊的釋字 387 號解釋還有適用的空間嗎？按照現在的制度，行政院長只要被總統提名，就可以擔任，那立法委員改選後所造成立法院的生態變化，還會影響行政院長嗎？

是不是也到了該改變我們的憲政體制的時候了呢？

要做什麼事
才會當選無效？

2016
一月
21

前臺南市議長李全教
被判定當選無效

2016 年 1 月 21 日，
前臺南市議長李全教被判定當選無效。

● 事情是這樣來的

　　2014 年，李全教競選議員期間，競選總幹事黃澄清被查獲涉嫌賄選。同年底，臺南地檢署對李全教提起當選無效之訴，2016 的今天，臺南地方法院一審認為李全教沒有理由不知道黃澄清行賄，判決當選無效。同年八月底，高等法院臺南分院二審駁回李全教的上訴，全案定讞，李全教因而失去議員的資格。

　　回到 2018 年，在臺北市長選完之後，丁守中也一直為臺北市長寶座奮鬥。不過大家一定也很好奇，到底之前的「驗票」和 2004 年

總統大選連宋陣營所提起的「選舉無效之訴」，以及李全教的「當選無效之訴」到底差在哪裡？

● **我們來了解一下選舉訴訟！**

① **什麼是「驗票」？**
如果第一名和第二名的得票數差距在千分之三以內，敗選的一方可以聲請「驗票」。而「驗票」也是效力最強的手段，因為驗完就一翻兩瞪眼，如果翻盤就是翻盤，確定結果。假設這次丁守中驗完翻盤，那就是丁守中獲勝。當然，沒過的話也不會直接再等四年，還有其他改變結果的機會。

② **什麼是「選舉無效」？**
如果候選人認為「選舉委員會」辦理的選舉有違法之處（例如2018年地方公職人員選舉邊開票邊投票），而且影響選舉結果，就可以向法院提起「選舉無效之訴」。而如果法院認為真有違法的地方，則「有問題」的投票所就要「重新投票」。

③ **什麼是「當選無效」？**
如果「當選人」有不法的行為而影響選舉結果，就有可能被提起「當選無效之訴」，如果法院判決認為「當選無效」，那整個選區就要「重新」選舉。

所以三個狀況都不太一樣，這樣大家有分清楚了嗎？

上街抗議
難道要得到
政府同意嗎？

1998
一月
23
集會遊行法事前許可
部分合憲

1998 年 1 月 23 日，
大法官說：「上街抗議，還是需要國家同意。」

● 先來說一下故事

　　1993 年 10 月，臺北縣環保聯盟的理事長張正修，因為臺北市政府把捷運工程產生的廢土違法傾倒在臺北縣轄區內的二重疏洪道，決定遊行抗議。沒想到，臺北市政府警察局卻說，依照當時的集會遊行法規定，張正修沒有在集會遊行前六日向主管機關申請許可，於是核定「不准舉行」。

　　簡單來說就是：「誰叫你不早點申請，法律規定要六天前申請。你不照著規定來，那就不要遊行啊！」

　　申請遊行被拒絕，張正修很不滿；政府不給遊行，那我就定點

請願。於是張正修與當時的綠黨黨主席高成炎、陳茂男等人，一早帶著一百多位臺北縣民，約好在市政府門口集合。誰知道，車隊一進到臺北市地界，還沒下忠孝橋，就被萬華分局警察舉牌第一次，稍晚又被舉牌第二次。隊伍到了西寧南路口被警察攔住，他們決定就地在路口演講。

過了沒多久，遊行隊伍繼續沿著環河北路、鄭州路前進，抵達長安西路、承德路口後，被大同分局警察攔下來。於是，張正修等人決定就地演講、呼口號，直到中午與市政府官員協商後，才就地解散。

事後，張正修等人被士林地檢署以違反集會遊行法起訴，一審、二審都被判有罪。但是，張正修、陳茂男、高成炎等人不服判決的結果，決定聲請釋憲，要大法官說清楚，到底集會遊行採「事前許可制」有沒有違憲？

這是什麼意思呢？簡單來說就是：當我要集會遊行，一定要先得到國家的「同意」嗎？畢竟集會遊行常常是對政府表達不滿，難道我罵你之前還要事先得到你的同意？這好像怎麼看都怪怪的？

● **大法官怎麼說？**

大法官一開始就說，集會遊行因為影響國家秩序，原則上還是需要國家來點頭。但國家只能審查遊行的「時間、地點、方式」，不能審查遊行主張的論點。

集會遊行法規定，遊行不得主張共產主義或分裂國土。大法官則認為，這種審查人民政治性言論的規定，過度限制人民的「表現自由」，所以違憲。

再來，萬一是「突然發生的事件」呢？我就很緊急啊！像是今天再不衝立法院，明天服貿就悄悄過了？那這時候我還要按部就班依法申請嗎？

後來大法官覺得，既然法律都有規定所謂「天然災變或其他不可預見之重大事故」，哪來的美國時間「兩天前」申請集會遊行？法律這麼規定，要求每個人都有預知未來的能力，未免太強人所難。

憲法保障集會自由的範疇，並沒有限制抗議遊行的性質。就算是偶發性的，也在保障的範圍內。因此，既然要求前兩天申請「偶發性集會」的規定很「母湯」，所以大法官們認為「偶發性集會」之例外，並不適用集會遊行法的「許可制」。這也就是說，基於憲法對人民集會自由的保障，兩天前申請偶發性集會的規定，應該檢討改進。

● 很得來不易的自由

一直以來，許多人把集會遊行視為毒蛇猛獸，但大家其實忘記了，集會遊行是憲法第 14 條中，明文保障的一種人權。這和工作權、生存權等其他基本人權一樣重要。

集會遊行曾經被污名化，這個社會花了好久的努力才讓它以比較

公平的模樣展現在這個社會上。畢竟遊行是弱勢人民少數能向強勢國家展現不滿的窗口。這個窗口，總有一天你我都有可能會用到 —— 因為我們有可能是強勢，但有一天也可能成為弱勢 —— 不論你在哪裡，守住這個窗口，都應該是我們的責任。

也期待未來，我們的集遊法可以從「許可制」慢慢走向「報備制」。

國務機要費，
是總統的
零用錢嗎？

2007
一月
25
總統的
刑事豁免權

2007年1月25日，
前總統陳水扁因「國務機要費案」聲請釋憲。

● **究竟發生什麼事？**

　　當時的立法委員邱毅爆料，有一位女子將自己在君悅飯店消費了
300萬的發票，給了當時的總統夫人吳淑珍，吳便將其拿去核銷「國
務機要費」。之後，審計部派人去總統府查帳，並將那些有嫌疑的資
料送至臺灣高等法院檢察署查緝黑金中心，由陳瑞仁檢察官負責此案，
之後陳檢就約談了陳水扁和幕僚馬永成、吳淑珍等人，要求他們交代
國務機要費到底花到哪裡去了。

● 什麼是國務機要費？

「國務機要費」這個詞彙其實歷史久遠。簡單來說，國務機要費就是總統在國務上有一筆可以彈性運用的錢，像是軍事訪視、賓客接待等。國務機要費的目的是讓「總統辦事更有效率而且有助於國家成長」，理論上錢的用途要和國家事務有「密切相關」才行。但是如果擅自把「私人款項」報用「公款」，就不是國務機要費應有的用途，且可能涉及貪污等犯罪行為而受到刑事追訴。

● 刑事豁免權？

後來檢察官以「共同」貪污、偽造文書等罪名起訴總統夫人吳淑珍，比較細心的讀者看到這裡可能會發現，既然是「共同」，為什麼只起訴吳淑珍一個人呢？那是因為憲法第 52 條有規定「刑事豁免權」，這條規定的意思是，總統畢竟是國家元首，對內統帥三軍、對外代表國家，有著特殊身分，所以總統任內，除非犯了內亂或是外患罪，不會受到刑事追訴。這也是為什麼檢察官在這時並未起訴阿扁。

為什麼總統可以有豁免權？畢竟總統日理萬機，且也最容易成為被政敵進行法律攻擊的對象，若沒有豁免權，可能整天都會跑法院，所以憲法給予總統這樣的特權。當然，如果這個人不再是總統時，也就沒有這樣的特權了；所以若總統有犯罪，在卸任後也必須面臨法律的代價。

所以，陳水扁所主張的「檢察官不得對其偵查」，依釋字 627 號解釋意旨，大法官肯認陳水扁於總統任期內，得免除被檢察官偵查或起訴。但卸任後就不是「總統」，最終還是要面對。

管理市場價格
的機關成立

1992

一月

27

想製造衛生紙之亂？
小心公平會
在你後面喔

1992年1月27日，政府成立公平交易委員會，
監管我國各類交易行為。

● **公平會是什麼？**

　　還記得 2018 年引起全國人民恐慌的「衛生紙之亂」和「499 之亂」
嗎？為了維護國內交易秩序及消費者權益，政府在 1992 年的今天，成
立公平交易委員會，監督並管控所有交易行為。

● **公平會是什麼？常聽到的公平交易法又規範些什麼呢？**

　　公平會是《公平交易法》中的主管機關。主要調查每個交易行為
有無影響市場交易，並非操控市場。但不少媒體及民意代表時常誤會

公平會為「物價管制機關」。除此之外，公平會是國內四個二級獨立機關之一，所以如果有廠商對公平會的行政決定不服，可提起行政訴訟，不須先提起訴願。

《公平交易法》設立宗旨即是為了維護市場公平競爭，如果政府對特殊產業有特別規範，當然優先適用產業的相關規定。但是涉及市場競爭的部分，依然會回頭適用公平交易法。

不論有無設立管制法或目的事業主管機關，任何事業的交易行為都不能違反公平交易法，因為在市場經濟國家，事業的交易行為皆以公平交易法作為基本遊戲規則，也因此公平交易法有「經濟基本法」的別稱。

● 聯合調漲，一定要經過「公平交易委員會」的同意

如同我們前面提到的衛生紙之亂，由於這類物資交易是不可或缺的民生物資，一旦價格大幅度波動，勢必會對民眾的生活產生嚴重影響，如果廠商有集體調漲價格的跡象，且沒有經過公平會同意，就可以對有「聯合行為」疑慮的廠商開罰。

但這並不表示所有聯合行為都是違法的，只要在一定的情況下，經過公平會同意，就可以適當的漲價。否則就有可能被重罰一億元，或是處三年以下有期徒刑。

房子都被拆了，勝訴有用嗎？

2014
一月
28

大埔案判決
張藥房等四戶勝訴

2014 年 1 月 28 日，內政部宣布大埔案不上訴，
但是房子被拆，也無法原地重建。

● 大埔案究竟發生什麼事？

　　苗栗縣政府為了擴大新竹科學園區腹地，進而刺激苗栗的開發，決定在竹南一帶徵收土地作為竹科擴建用地，於是向內政部提出徵收計畫。內政部看了計畫後，便核准了這項開發計畫。苗栗縣政府拿到了這個核准，也馬上以行政處分通知計畫範圍內的土地所有人趕緊收拾東西，逾期就別怪政府來拆房子！但被徵收的民眾（包含張藥房的張森文及彭秀春夫婦）不服就這樣被趕走，於是依行政訴訟法向法院聲請「停止執行」。

　　原告（被拆遷戶）主張，房屋雖然被拆掉會造成「財產、居住、精神」

的損害，但是法院認為這些損害是可以用「金錢及其它方式」來回復，而苗栗縣政府已經有給補償費，所以就不能說有「難以回復之損害」。法院也說拆房子只是對財產權的執行，不會對人民的人格尊嚴產生侵害。於是，處分的效力並未因此停下來，政府持續執行拆除作業。

● 法院判決大埔案人民勝訴

法院認為苗栗縣政府只有形式上說明徵收價格，沒有和人民「實質協議」，所以違反「正當法律程序」。且該徵收處分，苗栗縣政府沒有對「公益性」來審酌比較和分析。所以判決被徵收的民眾（包含張藥房的張森文及彭秀春夫婦）勝訴，而內政部也在 5 年前的今天，召開記者會宣布「不上訴」。

● 我的家，是「財產權」還是「居住權」呢？

在大埔案中，大家把被拆掉的「家」認定是一種「財產權」，但真的只能是「財產權」嗎？畢竟「家」和一般財產還是不太一樣，它是建構一個人的一種集體記憶，甚至是讓一個人安穩的重要基礎。國際公約上有一種權利叫做「適足居住權」，且適足居住權與財產權是兩個不同的概念。聯合國居住權特別報告員也在來臺審查我國人權現況時說道：「即使是公有土地上的舊有違建居民，其居住權也應受到保障。」

苗栗縣政府在要求拆屋還地的同時，是否依照「適足居住權」的精神，提供符合基本生活水準之安置，以滿足最低限度之核心義務？答案恐怕是否定的。大法官釋憲上還未明確提到何謂「適足居住權」，且兩公約在臺灣的效力也一直處於曖昧的狀態。所以「適足居住權」未來該如何發展？可能還需要一段很長的時間。

畢竟，被拆掉的缺口，可能是永遠無法縫合的。

八仙塵爆案，
求償210億

2016

一月

29

內政部禁止
「正常使用下不會爆炸」
的粉末

2016年1月29日，
「八仙塵爆案」受害者及家屬對業者呂忠吉等人
提起「附帶民事求償」，
包括精神慰撫金及醫藥費，合計共210億元。

● **還記得八仙塵爆嗎？**

　　2015年八仙樂園發生粉塵燃燒事故，當時在園區內的「Color
Play Asia ── 彩色派對」中，疑似因粉塵在高溫下燃燒而導致火災，
共造成15死499傷。受害者及其家屬除對活動主辦人及八仙樂園負
責人提起訴訟外，也向觀光局、新北市政府與消防署提起高達新臺幣
1億2,000萬的國家賠償訴訟。

● 為何能夠提「國家賠償」？

不少人看到受害者提出國賠便批評：「他們自己玩成這樣，為什麼要拿我們的稅金去賠他們？」

但，這樣的批評是對的嗎？

國家有義務對於人民採取積極作為，使人民不受「侵害」，這項義務被稱作「國家保護義務」，國家有許多方式實現這項義務，其中最具體化的方式就是人民因國家的行為而受有損害時，可以提起「國家賠償」。例如當公務員的行為「違法」而侵害人民的自由或權利時，人民可以向國家請求賠償。而「違法」當然也包括「怠於執行職務而造成損害」，也就是當公務員怠忽職守而使人民受損害時就可以請求國賠！

● 到底該不該保護？我們能有什麼反思？

被害者家屬認為消防署沒有在爆炸發生「前」，依消防法「公告」戶外活動不可以噴放粉塵，主張構成「怠於執行職務」，造成民眾嚴重傷亡。而消防署認為粉末在一般使用下並不會爆炸，認為國家不具保護義務，受害者與家屬不得請求國賠。但主管機關內政部在事發後不到一個月，便公告表示：「公眾場所噴放或噴灑可燃性微細粉末之行為，是消防法第 14 條易致火災之行為，主管機關應不予許可。」這公告似乎是自打嘴巴，如果沒有危險，那為何管制可燃性粉末呢？這或許也說明國家對這種災害，有「保護義務」的餘地。

當我們再次回顧此事件時，應嘗試以解決問題的角度，思考法律應如何規範才能避免災害再次發生，而不造成治標不治本的惡性循環。同時，我們也應該完整了解制度後再做出評論，而非一知半解便提出批評，廉價的批評並不會幫助社會。

年金真的
一定要改革？

2013
一月
30

世代正義與權益保障
應如何拿捏？

2013年1月30日，時任總統馬英九表示年金一定要改革，
他三度強調，在他任內年金制度絕對不會倒；
但如果不改，下任總統就會面臨破產的困境。

● 什麼是「年金」？

　　年金就是所謂的「退休後所得」。依照領錢的方式，可以分成一次領和月領，而月領的「老年給付」及「職業退休金」，就是我們所說的「年金」。

　　但為什麼年金要改革？因為如果繼續維持現有的給付標準，多項年金便會面臨破產之虞。那為什麼會破產？原因很多，像是少子化和高齡化、費率過低、經濟條件改變、政治喊價、所得替代率等狀況，造成年金累積的盈餘不夠支應必須付給的工作者，就會造成「年金破產」。

● 年金改革為什麼會讓那麼多人不爽？

主要原因當然是因為錢變少了，而且跟之前說好的不一樣，這便會涉及法律上的「信賴保護原則」。舉例來說，當年蓋 101 大樓的時候，臺北市政府核准建照，但後來發現，101 大樓在飛機的航道上不能蓋這麼高，可是我都蓋到一半了，你要叫我拆掉嗎？

可是，如果不改會「破產」，改了又會影響大家的權利，那該怎麼辦？

● 世代正義該如何維護？

大法官曾經提到的「世代正義」，意思就是國家必須考量到「每一個世代」的利益，要能相互平衡。而這除了包括「錢」，也包括環境、有限的天然資源，都要讓未來世代有發展的可能性。也就是說，如果國家考量到退休金優惠利率可能導致國家財政失衡，勢必會排擠到其他預算，甚至導致國家面臨破產的危險而債留子孫。此時在國家預算分配上，就必須考量未來世代能否繼續走下去，在重大公益目的下，國家考慮取消優惠利率這件事，就有公益目的性。

當世代正義碰上公共利益，要怎麼來拿捏、要怎麼來平衡，似乎永遠沒有人會滿意。

FEBRUARY

二月

政權、國家、自由、
和那些鬥爭

總統代表政府
向江國慶家屬道歉

1997

二月

1

當一個軍人
被國家殺死

1997 年，一個軍人被他所效忠的國家殺死。
14 年後，2011 年 2 月 1 日，
時任總統馬英九代表政府向他的家屬道歉。

● 誰殺了江國慶？

　　1996 年，臺北市大安區空軍作戰司令部營區發現一名五歲謝姓女童遺體，疑似遭人強制性交後殺害。案發後，調查局對營區士兵測謊，結果只有江國慶一人未通過，遺留在現場的衛生紙也驗出「疑似」是江國慶的精液。

　　這個嫌疑犯，被不具司法警察身分的軍方人員進行連續 37 小時的「疲勞訊問」和「刑求逼供」，迫使他自承犯案並寫自白書。軍事檢

察官起訴後，江國慶曾翻供稱遭刑求才承認犯案，但仍被判處死刑，並於 1997 年執行槍決，當時只有 21 歲。

● 翻案過程

全案直到 2011 年才平反，檢警專案小組重新鑑定證物，發現和曾服役的士兵許榮洲吻合，許榮洲也坦承犯下此案（後也因缺乏直接證據無罪定讞）。重啟調查後更發現，之前被視為定罪證據的衛生紙上沾的並非江國慶的精液，而是鼻涕、汗水或唾液等體液，因此軍方疑似為追求破案績效，而使用非法手段逼供，導致冤枉判死。

馬總統在江國慶翻案後，於 2011 年 2 月 1 日向江母道歉，並稱將循法律途徑還江國慶名譽。北部地方軍事法院在同年 9 月再審宣判江國慶無罪。10 月時軍法院依《刑事補償法》，判江家家屬可獲賠 1 億 318 萬餘元，為史上最高金額的刑事補償案例。

但是，當時刑求的軍官陳肇敏等人，雖然負了一部分民事及行政責任，但刑事部分卻不起訴確定。

● 如果沒有死刑

然而，道歉、高額補償金或是對軍官的懲處，也改變不了家屬為了平反江國慶而花上許多時間與精力纏訟多年，以及江國慶已被槍決死亡的事實。

這個案子也引發死刑存廢的討論，一條生命在重重瑕疵下結束，如同國家殺人 —— 刑事訴訟無法完美，無法完美的制度就會有冤案，而死刑的冤案，對當事人而言，完全沒有任何挽回或補償的機會。

如果沒有死刑，或許江國慶和你我都一樣，過年回家時能和爸爸媽媽一起吃年夜飯。

高等法院裁定
撤銷魏應充交保

2015

2

二月

你真的知道
什麼是交保嗎？

2015年2月2日，
魏應充因為頂新案以一億元「交保」，
但檢察官不服提出抗告。
最後高等法院撤銷交保，發回審理。

● 震驚全臺灣的劣質油案！

　　頂新公司的決策者魏應充，因為原料成本的壓力，所以在知道油的來源是有問題的情況下，還是繼續向有問題的公司採購油品。

　　在檢察官偵辦的過程中認定魏應充涉嫌重大犯罪疑慮，因此聲請羈押，但被法官改成以一億元交保，但檢察官不服，所以提出抗告。因此臺中高分院撤銷交保，發回彰化地院重新審理。

● 交保是什麼？羈押是什麼？

首先，「羈押」不是「刑罰」，「交保」不等於「無罪」。

交保的目的就是希望確保刑事追訴、審判與執行都能實現，可是要怎麼確保實現？就是要求被告繳交「保證金」──只要你乖乖不亂跑，最後都可以把這筆錢拿回來；但如果被告不聽話，錢就會被沒收。

但是，檢察官不可能一抓到犯人就可以馬上決定要不要起訴，法院也不可能馬上下判決。所以《刑事訴訟法》才有「羈押」這樣的制度，避免被告在檢察官偵查到一半，或法院審判到一半的時候滅證、跑路。

《刑事訴訟法》也對「羈押」設下了許多條件，包括「犯罪嫌疑重大」、而且有「串證、逃亡、滅證可能」等等原因，才能羈押。

● 看到新聞，應該要先想想

很多人看到自己不喜歡的人，就希望他被羈押，好像羈押就是正義、沒有羈押就是恐龍法官、只要交保就是縱容壞人。但其實大家要知道，無論是「羈押」還是「交保」，那個人都還是處於「無罪」的狀況。交保和羈押都只是要確保日後的審判可以更加公平，因為真正要來審判的是「法官」，不是警察、不是檢察官，更不是人民。

臉書，
就是在今天創立的

2004

二月

4

而假新聞
現在就在肆虐社會

2004年2月4日，
創辦人祖克柏啟動「Thefacebook」，
知名社群網站「臉書」在美國創辦。

● **臉書如何創立的？**

　　創辦人祖克柏在哈佛大學期間，創立了一個網站叫「Facemash」，
這個網站會從校內的網路收集照片，並且每次讓兩張照片並排，讓人
挑選其中比較「火辣」(hotter)的那張。

　　後來祖克柏慢慢擴大網站，從剛開始只限制哈佛大學學生才能加
入，擴大至其他大學甚至高中，只要你輸入 email 都可以註冊。也因
此臉書進而成為全世界最大的社群平台。基本上，世界各地的每個人
只要有能力連上網路，都一定能有臉書的帳號。

● 時至至今，臉書變成假新聞的戰場，
我們又該如何面對假新聞？

　　正因為這樣的高使用率，臉書成為資訊的集散地，許多傳統資訊交流場域慢慢地被臉書取代，因此臉書也成為新聞分享的戰場。在臉書分享新聞非常方便，人們只要按一個按鈕便能分享，也正因為如此，導致使用者在分享時會有自己的偏好，「假新聞」也就從這樣的縫隙鑽入，使得假新聞大量地在臉書傳播。

　　正因為假新聞對於社會影響之大，許多人也開始討論如何管制假新聞。至於如何管制，也會面臨到一個嚴重的問題 —— 那就是管制假新聞其實是對言論自由的一種限制。而誰可以決定什麼是「假」，也就決定了言論自由的生活空間。

　　一方面我們不希望媒體事業惡意提供錯誤資訊，讓公民無法接近完整資訊，進而破壞政策的充分討論，讓公共監督機制形同虛設；二方面我們也不該允許用漫無邊際的公務順行或國家安全，輕易地封殺新聞自由，戕害民眾認知，並進而蠶食民主的運作。

　　這樣的拿捏，究竟該怎麼平衡？

● 言論自由絕非無限上綱，也不應處於風中殘燭

　　言論自由並非無敵王牌，在假新聞或分化意識流竄的今日，意見群體極化的問題愈發強烈。當然有正視管制必要性的需求，但民主的政治過程之所以可貴，是因為人民有機會面對不同立場的人們，透過真誠的溝通，超越自己侷限的眼界與立場，面對共同體的未來，共同思考「共善」之所在；而各種不同利益與價值，即有可能在政治意識的形成過程中，不斷改變與重塑。

　　而臉書後來推出的事實查核，或許是走向改變、努力邁向平衡的第一步。

關廠工人臥軌，癱瘓臺鐵

2013

二月

5

花更多錢請律師
跟弱勢勞工討債
的勞委會

2013 年 2 月 5 日，
「全國關廠工人連線」在臺鐵臺北車站臥軌
抗議勞委會以訴訟追討紓困貸款，使得臺鐵停擺。

● 為什麼突然關廠？

　　1990 年代，臺灣從北到南有許多工廠無預警關廠、惡性倒閉，
而這些工廠的負責人在積欠大量勞工退休金以及資遣費的情況下，潛
逃出境。

　　勞工求償無門，失去生活依靠。而在 1997 年，勞委會通過「關
廠歇業失業勞工促進就業貸款實施要點」，緩解工人們的燃眉之急；
由於勞委會認為這筆錢是「紓困貸款」，自 2000 年開始，勞委會並陸
續開始和關廠工人請求還款。

2012 年，勞委會主委王如玄決定全面向所有關廠工人追討這筆錢，花了 2,000 多萬元的律師費、委任了 80 幾位律師，發出「支付命令」，要求這些工人「還錢」。消息一出，許多勞工紛紛表示不滿，要求勞委會應該負起當初監督不周的責任，向工廠老闆們追討貸款。

● 開始進行訴訟

　　勞委會主張，當初這些錢是「紓困貸款」，既然是貸款，所以要求這些工人們還錢，也是很合情合理的。關廠工人則主張，雖然當初簽的是「貸款契約」，但其實它是一種「代位求償」或「補助」。這個意思是，勞委會先幫這些關廠工人們出退休金和資遣費，之後勞委會得再自己去向老闆們追討這些錢。

　　勞委會耗費大量公帑委任律師，向這些走投無路的工人們討債，雙方多次協商之後，也沒有取得任何結果，關廠工人們也逐漸升高抗議手段，終於在 2013 年 2 月 5 日晚間，約有 100 人在臺鐵臺北車站月台集結，並跳下軌道，使得臺鐵當場停擺。

● 勝訴！

　　2014 年，臺北高等行政法院針對其中幾個案件，判決勞動部敗訴，法院認為當年這個「借款」，應該是勞委會當年因監督不周，須「基於國家責任」的補償。而敗訴的勞動部，最後也宣布將放棄上訴，其他進行中的訴訟，也會全面撤告。

南台大地震，
維冠大樓倒塌

2016

二月

6

維冠公司負責人
將面對法律代價

2016 年 2 月 6 日，高雄美濃發生規模 6.4 強震，
使得臺南維冠大樓倒塌，造成 115 人死亡。

● 維冠大樓為何倒塌？

　　維冠大樓在 1992 年興建，但在興建的當時，結構分析、建築設計圖繪製、施工、監造，有許多安全性的錯誤和缺失，例如缺失計算建築物靜載重[*1]、樑柱尺寸擅自變更，甚至在申請變更建照時，又偷斤減兩，進而影響整體結構的安全。

　　檢察官在偵查後，認為維冠公司負責人、建商、經理、建築師等人涉嫌刑法業務過失致死罪[*2]，法院後來也判決成立，處 5 年有期徒刑（業務過失致死罪的最高刑度）。

● 維冠大樓倒塌，住戶有沒有國家賠償？

一般來說，普通人不會有建築的專業知識，所以國家有責任確保建築安全。如果因為國家的疏失，導致建築毀損、侵害人民生命身體甚至財產安全時，人民可以依法向國家請求賠償。

這次維冠大樓倒塌事件，能否以「政府怠於執行職務，造成損害」為由，請求國賠？當某些法律不只規範國家如何執行職務，更是為了保障人民生命、身體及財產等安全而存在，且該法律對於國家應如何執行職務已明確，但是卻因故意或過失，沒有執行該職務，導致人民的權利受損的時候，被害人即可向國家請求損害賠償 —— 但遺憾的是，過去並沒有類似的案例。

在這個案子裡，「內政部」是《建築法》規定的中央主管機關，「臺南市政府」則是地方最高的主管機關，並負責維冠大樓的建造執照核發、施工勘驗及使用執照核發，而就此而言，或許國家很難說是沒有責任的。

● 長時間的訴訟問題

維冠大樓倒塌事件儼然已成 921 地震東星大樓倒塌案的翻版，雖有民事損害賠償，但受害者必須經歷長時間纏訟，以及加害人資力不足，導致受償不多的情況。

願透過法制的改進，可以不要再發生這樣的憾事。

....

＊ 註1・靜載重為建築物本身各部分之重量及固定於建築物構造上各物之重量，如牆壁、隔牆、梁柱、樓板及屋頂等，通常指建築物結構本身。而可移動之隔牆不作為靜載重。

＊ 註2・2019 年《刑法》修正後，刪除業務過失致死罪的規定，回歸普通的過失致死。

南迴搞軌案宣判

2009

二月

7

偵查不公開
的模糊地帶

2009 年 2 月 7 日，「南迴搞軌案」更二審宣判，
主謀李泰安被法院判處無期徒刑。

● 鐵軌破壞事件，越南女子命喪異鄉

　　2006 年 3 月 17 日晚上，南迴線鐵路遭到破壞，造成一班從高雄
開往臺東的莒光號列車出軌，多名乘客受傷。其中一位女乘客被送往
醫院，但這位被認定沒有外傷的女子，卻在一個多小時後突然死亡。

　　從 2004 年 10 月開始到 2006 年 3 月為止，南迴線共發生七次破
壞事件，不過都不嚴重。檢警數度被誤導，起初認為嫌犯是不滿官商
勾結的工程行，之後認為是對臺鐵不滿的離職員工；到了最後一次，
也就是這次，檢警懷疑到了乘客頭上。

　　這名死者是越南籍的陳氏紅琛，她的丈夫李雙全都在這班列車上。

後來更被查處，陳氏紅琛生前保有鉅額保險、李雙全曾因為前妻死於蛇毒而獲得高額保險理賠，讓本案往殺人詐領保險金的方向調查。

● 被公開的調查，上吊的當事人

檢警首先解剖陳氏紅琛的屍體 —— 這個原本應該保密的行動，卻不知為何被媒體得知，「檢察官懷疑李雙全為了領取保險金，謀殺陳氏紅琛」馬上成為新聞頭條。隔天一早，檢察官便收到李雙全自殺的消息。

在李雙全自殺後，偵查重點就一直放在他哥哥李泰安身上，超多記者駐守在李泰安家外時時更新進度。現場有不少攤販來湊熱鬧，連李泰安也在外賣起了包子跟麵線，這個地方因此有了「泰安休息站」的稱號。

● 社會新聞界線在哪

《刑事訴訟法》規定，檢察官偵查時必須保密，目的在落實無罪推定原則以及保障隱私，避免嫌犯逃亡藏匿、湮滅證據或勾串偽證，這就是所謂「偵查不公開原則」。

但媒體報導社會案件，有安定民心、監督政府等作用。在兩個重要目的衝突下，如何掌握界線變得非常困難卻也重要。

學歷不高，
不能選舉？

2003

二月

8

劉俠因為
只有小學畢業，
不能參選立委

2003 年 2 月 8 日，
著名作家杏林子──劉俠女士過世。

● 劉俠是誰？

劉俠，筆名杏林子，是伊甸基金會的創辦人，終生被類風濕性關
節炎所困，但還是活出生命的色彩，透過努力不斷地自學而成為作家。
後來劉俠甚至決定要參選立委，但是碰到一個大麻煩：「學歷」。

● 國小學歷，不能參選立委

1989 年，劉俠想要參選立法委員，但當時的《動員戡亂時期公職
人員選舉罷免法》規定，立法委員候選人的其中一個條件是學歷至少

要高中畢業。

　　然而，劉俠因為類風濕性關節炎，保受身上的病痛，讓她不得不中途輟學，學歷僅有國小畢業，因此不符合候選人的學歷資格。劉俠相當不服氣，哪可以用學歷來限制人民的「參政權」？因此劉俠決定聲請大法官解釋憲法。

● **大法官怎麼說？**

　　大法官首先認為，法律對於候選人，可以設定一些限制條件。而學經歷的要件限制，是因為在當時教育程度並不高，這樣的作法可以保護問政的品質，所以用學歷來限制參選立委資格，並沒有違憲。

　　但大法官在後面也補充說明，隨著教育漸漸普及，人民對於候選人的判斷能力也會提升，立法機關要隨時檢討修正對候選人的學經歷限制規定。如果立法院認為有必要維持這個限制，那也必須考量那些就學有困難的人，以制定合適的規定。

● **那現在呢？**

　　當然，現在的法律已經將「學歷」從參選的限制廢除，對於劉俠女士生不逢時，也只能感到惋惜。更令人遺憾的是，在這個年代，幾乎人人都能以一張「追分到成功」的車票引以為傲，即使法律修正了，但「學歷」等同於「能力」這件事所帶出的刻板印象，或許我們能為此努力的地方還有很多。

李登輝心腹
劉泰英
被收押禁見

2003

二月

10

羈押到底是什麼？

2003 年 2 月 10 日，
李登輝的心腹劉泰英被臺北地方法院裁定收押禁見。

● 劉泰英到底是誰？

　　劉泰英畢業於美國康乃爾大學，學成歸國後受到大學時代的老師李登輝賞識，邀請他參與農產力提升研究計畫。李登輝在過程中見識到他的能力，給予很高的評價，因而兩人關係變得十分密切。

　　1993 年，李登輝以總統身分指定劉泰英擔任中華開發董事長，同一時間，劉泰英也兼任經濟部顧問及總統府國策顧問，是當時政界及財經界重量級人物。

● 為什麼被法院收押？

　　劉泰英擔任中華開發公司董事長時，檢察官指控他收取回扣，懷

疑他的家人與心腹名下銀行帳戶大筆存款的來源。因此，檢察官以劉泰英涉及背信等罪「嫌疑重大」，且可能會干擾證人作證，有「串證的嫌疑」，而向法院聲請羈押。法院也在同日裁定收押，並限制他不可以和任何人見面。

● 羈押收押，傻傻分不清楚

「羈押」是指法院暫時剝奪被告人身自由的行為。檢察官認為被告可能會逃走、湮滅證據、串供等行為時，可以向法院請求羈押被告，限制其人身自由。「聲押」其實就是「聲請羈押」，當檢察官準備好資料及證據時，可以向法官請求羈押被告。

而「收押」，是法官在收到檢察官的請求後，裁定「執行羈押」。羈押的執行，是由「檢察官」來「聲請」，但是由「法官」來決定要不要真的羈押！法官可以覺得檢察官講的有道理就收押，覺得沒道理就駁回羈押聲請。

另外，羈押或收押都是在「看守所」內執行的，要等到一審判決後發監執行才會移送到監獄，所以被告不是一被收押就被送往監獄，「羈押」不是「判刑」喔！

● 為保身，關係再密切也只能袖手旁觀

回歸前面的故事，當時劉泰英收押禁見的時機，剛好是各政黨為了總統大選的暖身準備階段，和國民黨因理念不同而漸行漸遠的李登輝，為了保護自己不在國民黨手中落下把柄，自然不太可能出手支持夥伴。

畢竟政治，有可能是一場見死不救的遊戲。

十大槍擊要犯
藍元昌被捕

2001 年 2 月 11 日，
十大槍擊要犯「藍元昌」和警方發生槍戰，
生涯第二次被抓，被判刑 20 年。

● 臺中史上最大的槍擊事件

凌晨四點，當整個城市仍在熟睡，此時的藍元昌和好友在家吃火鍋；吃到一半，警方突然攻堅進門，然而藍元昌等人的反應也很快，立刻開火反擊把警方逼退，緊接著在社區內上演激烈槍戰戲碼。

堪稱臺中最激烈的警匪槍戰，藍元昌以 AK47 自動步槍與手榴彈等武器與逾百名警察對峙，共駁火八百多槍，最後在試圖衝出警方封鎖時頸部中彈，經搶救後幸運保住一命，但同時也造成六名員警中槍受傷。

原本第一次假釋出獄後打算金盆洗手的他，卻因為小弟遭其他角頭押走，只好被迫捲土報復，重新購置武力，再次踏上不歸路，埋下第二次被捕的原因。

● 哥哥是優秀警察，自己卻是槍擊要犯

　　十大槍擊要犯排名第七的藍元昌，令人意想不到的是他哥哥藍文仲卻投身警界服務，而且還當上模範警察，並在世界警消運動大會勇奪金牌。兩人出生於同一家庭，卻有完全不同的境遇，被媒體稱作臺灣版的「英雄本色」。

　　哥哥因為弟弟的作為，警察生涯的升遷之路非常坎坷。但入獄後的藍元昌也沒辜負哥哥的關心，改提起毛筆，成為書法比賽常勝軍。

● 以前的十大槍擊要犯，為什麼取消了？

　　十大槍擊要犯的排名，究竟是怎麼來的呢？

　　「十大槍擊要犯」是前警政署長莊亨岱所創。1980 年代針對重大暴力犯罪分子，警方會定時公布並加以追緝，名列前十名者稱為十大要犯。起初，公布十大槍擊要犯的排行榜，目的是激勵警方辦案士氣，若有人被捕、伏法槍決或者自盡，則會將其他罪犯遞補進新名單當中。

　　然而，這樣的名單卻意外成為了黑道們競相評比的榜單，身價隨著排名水漲船高，榜上有名成為黑道地位高的象徵，甚至成為酒店喊價的依據，政府因而在 1990 年代以後便不再使用「十大槍擊要犯」。

前檢察總長
黃世銘
判刑確定

2015

二月

12

偵查不公開
的意義何在？

2015 年 2 月 12 日，
馬王政爭的配角，前檢察總長黃世銘洩密案，
遭判 1 年 3 個月定讞。

● 大是大非的馬王政爭

2013 年，特偵組偵查林秀濤法官涉貪案，並對他監聽，偶然聽到立法委員柯建銘對法官「關說」，於是也開始監聽柯建銘，結果發現柯建銘請王金平向前法務部長關說自己的案件，想要讓案件不上訴。

而當時檢察總長黃世銘，便把這件事告訴時任總統馬英九及行政院長江宜樺，之後馬英九召開記者會，公開聲明王金平涉嫌關說，沒有資格再繼續當立法院長，並且說：「如果這不是關說，那什麼才是關說！」

後來這件事旋即炸開，政治上風波先不談，黃世銘被以違反通訊保障及監察法、公務員洩漏國防以外機密罪、個人資料保護法等，判刑一年三個月得易科罰金。

● 為什麼要「偵查不公開」？

刑事訴訟法第 245 條第 1 項規定「偵查，不公開之。」目的在於當事人及關係人的名譽保護，也有基於無罪推定、維護公平審判、保障關係人隱私權等功能。如果將偵查內容公開，在尚未確定被告是否有罪的情形下，國家便塑造出「被告一定有罪」的氛圍，違反「無罪推定」原則。

又若事後偵查結果，被告根本沒有犯罪，這會對被告的名譽會造成不利影響，而且被告也有可能在陳述後，遭到不利的對待。

最後，即便認為嫌疑人沒有「刑事方面」的不法，也不能保證一定沒有「行政方面」的不法。因此若把偵查內容公開，嫌疑人就有湮滅、偽造證據的可能。

● 高官涉關說，總統不能管嗎？

「偵查」並不是總統和行政院長的職權，所以兩者都沒有權利知道。檢察總長有負責查辦涉及總統、行政院長刑事不法的權限，具有制衡的功能。兩相比較可以發現，檢察總長沒有向總統和行政院長報告的義務。

權力分立的目的在於國家分工，如果司法和行政的職權混淆，對於權力的制衡，絕對不是件好事。高官涉嫌犯罪，交由司法處理，才是最好的作法。

蝶戀花遊覽車
發生嚴重車禍

2017

二月

13

手握方向盤
才能算工時嗎？

2017 年 2 月 13 日，
蝶戀花遊覽車在國道翻覆，
是近 30 年來最嚴重的意外事故。

● 事故那一天

　　晚間 9 點多，一輛遊覽車載著 40 幾名遊客，正從武陵農場賞櫻回臺北。不料在南港系統交流道大彎道上，因為車速過快，擦撞護欄後翻覆摔落邊坡，造成 33 人死亡、11 人重傷。

　　死者家屬和傷者對蝶戀花旅行社、友力通運公司等 8 人提告。他們認為被告違反勞基法，使得司機疲勞駕駛，因此未能及時減速而發生車禍，且車輛老舊，無法順利煞車。

● 士林地檢署在偵查後，作出不起訴處分

檢察官認為，肇事原因是過彎時未煞車減速，車速超過臨界速度以致翻覆。但依照當時的法規，遊覽車的裝置並無違法。經檢查鑑定後，煞車系統沒有異常，也認為輪胎胎紋、煞車力跟事故無關聯。

回到司機身上，雖然發現有連續出勤及超時駕車，但「連續出勤及超時駕車導致恍神疏忽，而未減速過彎」只是意外的可能原因之一，沒有足夠的證據證明就是必然的原因，因此不能據此起訴被告。

● 你敢搭連續工作 14 小時的司機開的車嗎？

司機當天早上 6 點出發，到晚間 9 點還在開車，工時超過 14 小時，但是交通部卻說依法規定的「公路駕駛每日駕車時間，不得超過 10 小時」，是指手握方向盤的時間。但事實上，勞動問題絕對不是「依法就好」。

「法律是道德的最低標準」，這種說法放到勞動法上就很合適。勞動法規的內容，比如工時與薪資等都只是最低基準，是為了避免雇主太超過、欺壓勞工。而事關乘客安全的勞動議題上，難道以最低的標準來看就夠了嗎？難道可以接受負責這趟旅程安全的人，只是剛剛好沒有過勞嗎？

可以宣傳選舉，
不能宣傳罷免？

2015

二月

14

蔡正元罷免案
情人節說不出口的痛

2015 年 2 月 14 日情人節，
罷免蔡正元失敗。

● 為什麼要罷免蔡正元？

　　318 學運後，許多人不滿部分立委尸位素餐，於是發起割闌尾計
畫（取諧音爛委），透過網路投票決定要罷免哪些立委。最後結果出爐，
決定罷免國民黨籍立委蔡正元、林鴻池、吳育昇，其中只有蔡正元罷
免案進入第二階段的投票。

　　雖然投票當天有許多情侶一起到投票所投票，但最後總投票人數
沒有達到當時的法定門檻，罷免宣告失敗。

● 可以宣傳選舉，但不可以宣傳罷免？

當時的選罷法規定：「罷免案之進行，除徵求連署之必要活動外，不得有罷免或阻止罷免之宣傳活動。」簡單來說就是「不能宣傳罷免」，支持罷免者不能號召大家來罷免；相對的，反對罷免的選民，也不能宣傳「不同意罷免」。

這個規定受到許多質疑，因為罷免與選舉都是憲法保障的基本權利，試想，為什麼可以宣傳「選舉」，卻不能宣傳「罷免」？

● 政黨輪替後，終於修掉這個不合理的規定！

此外，當時的中選會主委張博雅也認為這個規定不合時宜，也支持修法。經過一番努力後，終於在 2016 年三讀通過《公職人員選舉罷免法》部分條文修正案，以後要罷免終於可以大聲和鄰居好友宣傳了。除了刪除不得宣傳罷免的規定外，新條文還下修了罷免難度，讓一直以來也被詬病的罷免高門檻下降。

修法過後，最讓人有印象的大概是時代力量立委黃國昌的罷免案，相比蔡正元那場就多了許多火花，選民多了許多機會來分辨到底該怎麼投票。

選舉與罷免都是選民檢驗政治人物的重要武器，如果這個武器太難使用，或者選民根本不懂得如何使用，那對於民主的發展都不會是好事。透過宣傳，不同立場的人們才有機會去辯論、去了解。

臺北市長陳水扁廢除公娼

2003

二月

15

蒙上眼睛，
就以為看不見嗎？

2003 年 2 月 15 日，臺北曾經的公娼館改成茶藝館，
讓人民可以對性產業有更進一步的認識，
並且聽當年的性工作者講古。

● **歸綏街上的文萌樓**

「公娼」是指有納稅、依法登記，且接受政府管理、定期健康檢查的性工作者。

早從日治時代，日籍性工作者進入臺灣時就開始有公娼制度。後來國民政府接手後，原想廢除公娼，但考慮到「廣大單身軍人同胞們」，因此在 1947 年頒布「臺北市特種酒家暨特種酒家侍應生暫行管理條例」，延續了公娼制度。

● **那接下來呢？為什麼後來公娼制度消失了？**

1997 年，時任臺北市長陳水扁下令掃黃，但卻繼續頒發「妓女許

可證」，在質詢時遭到議員質疑，於是阿扁當場宣布：「48 小時內公娼制度會被廢除！」後來相關利益團體與政府間又交手了好幾回合，得到的結果就是：公娼走入歷史。

廢除公娼後，這些性工作者通常沒有第二技能，加上背負性工作者的標籤，在整個社會氛圍下，能否溫飽是一大問號。若把性產業從合法化的框架下剔除，有多少人考慮到這些工作者往後的生活？本身就屬於社會弱勢的女性們，又該從何獲得保障呢？

● 沒辦法真正發揮影響力的大法官解釋

法律甚至規定「罰娼不罰嫖」，也就是從事性交易的性工作者會被處罰，但是尋芳客卻不罰。有位法官因此看不下去，聲請大法官解釋，他主張「罰娼不罰嫖」是違憲的。

後來大法官做釋字 666 號解釋，認為「罰娼不罰嫖」為違憲，違反「平等原則」，性行為這件事是由兩個人一起合力完成，為什麼只罰性工作者呢？但是這件事解決了嗎？並沒有，因為大法官只說「只罰性工作者」是不對的，並沒有說「性工作」因此合法。所以後來修正法律，只要地方政府有設置「性特區」，在性特區就「都不罰」。但反過來說，如果在性特區「以外」的地方從事性工作，「性工作者」以及「尋芳客」都罰。

因此有部分大法官在釋字 666 號解釋裡的意見書就提到，其實國家應該要正面解決「性」的問題，應該要想辦法設置性特區，否則放任性工作者在違法空間工作，是讓他們身處在更危險的地方。

當時的大法官，現在的司法院長許宗力，是這麼說的：「……但無論釋憲者對相關問題有多少歧見，卻一致肯認那些因經濟困難而在街頭從事性交易的中高齡婦女，是受系爭規定影響最不利的群體，公權力的行使不僅沒有提供她們當有的安全與保護，反而加劇她們為生計掙扎的苦楚，而這樣的不正義，該是停止的時候了。」

同志書店「晶晶書庫」重新開張

2001

二月

18

大法官
重新定義猥褻

2001年2月18日，
華語世界第一間同志書店「晶晶書庫」，
經歷被砸店的風波之後，重新出發。

● **前腳跨進後現代，後腳還在戒嚴……**

2001年的春節期間，書店負責人阿哲發現自家書店的玻璃破了一個大洞，旁邊丟著一塊紅磚；這個破洞，代表著「有人對這間同志書店感到不滿」。

2003年，晶晶書店進口男性寫真雜誌，被海關沒收並以刑法第235條「散布猥褻物品罪」起訴。阿哲當然覺得不服，明明自己就是「合法進口」，憑什麼起訴？而且這些雜誌哪裡猥褻了？

在法院都判決敗訴的狀況下，阿哲以「刑法第235條違憲」提出

釋憲，認為法律規定不清楚，誰知道什麼是「猥褻」？而且這個不清楚，導致書籍被限制，因而也限制了「出版自由」。

● 大法官重新定義猥褻

後來，大法官作成釋字第 617 號解釋，猥褻是指：「跟性有關或以旁人角度看，可以滿足性慾」、「令一般人感覺不舒服」或「妨礙社會風化」。如果販賣「一般」猥褻物時有封套，是為合法；但如果是「無藝術性」的猥褻物（大法官這邊舉例像是涉及性虐待、人獸交的內容），不管怎麼樣都不可以賣。也因此，大法官的結論是「刑法第 235 條」合憲。

但有一位大法官不同意，他認為多數意見對猥褻的定義，只是在迎合社會多數人口味。法律的意義在於兼顧多數人以及少數人的利益，憑什麼我們可以因為有些人和社會多數人不一樣，就用法律限制他們的權利？

再者，我們可以試想，身為主流價值的異性戀，當異性戀看待同性戀的「性」，是不是會比較容易感到「猥褻」和「不舒服」，難道可以因為性傾向的差異，就將法律「主觀化」嗎？

● 自由社會的意義

「屬於男同志、女同志、跨性別、雙性戀或對性別議題友善人士的空間」，這是晶晶書店對於自身的定位。而能否接受同志族群當然屬個人價值觀，但不應該讓法律成為壓迫他人權利的工具。

二二八事件
責任歸屬研究
報告發表

2006

二月

19

讓真相呈現，
正義才能轉型

2006 年 2 月 19 日，
《二二八事件責任歸屬研究報告》發表，
不少受難者家屬受邀出席。
總統陳水扁表示，還原歷史事件真相，釐清責任歸屬，
是使臺灣民主更加成熟的必經之路。

● 二二八事件

　　1945 年日本戰敗，中華民國統治臺灣。因不了解臺灣民情，無
法解決社會問題，導致經濟衰退與通膨加劇，失業率也不斷上升。又
因貪污事件頻傳，省籍情結嚴重而相互歧視之下，官民關係逐漸惡化。
　　1947 年 2 月 27 日，政府查緝私菸時不當行使公權力因而造成死
傷，隔天民眾陳抗，進而形成導火線，累積已久的民怨爆發。民眾大

規模反抗政府與攻擊官署，本省人與外省人互相報復。國民黨將此事視為叛亂，展開武力鎮壓，隨後更實施清鄉。

　　根據行政院公布的《二二八事件研究報告》，死亡人數為 18,000 人至 28,000 人。直到解嚴後的 1995 年 2 月 28 日，李登輝總統代表政府公開致歉，將 2 月 28 日訂為和平紀念日，並賠償受難者家屬、恢復受難者名譽。

● **賠償制度**

　　二二八事件紀念基金會賠償的受難者案例中，「死亡」684 件、「失蹤」178 件。但「賠償案件數」並不等同「實際受難數」── 更何況到了受理賠償時，二二八事件早就過了半世紀，人證、物證多已死亡或滅失，申請賠償困難重重。

● **不是只有可以放假**

　　二二八事件是臺灣現代史的重要事件，在威權時代更成為禁忌話題，也使族群對立持續存在，直到 1980 年代才逐漸被公開討論。遺憾的是，這種討論卻被冠上「意識形態」的鬥爭，甚至有人認為應該要向前看，不應該在乎過去的事。但轉型正義的目的，正是民主國家對過去獨裁政府違法和不正義行為的彌補，還原歷史真相。

　　當然人們還是可以覺得二二八是政治提款機，「現在好好的，管它過去幹麻」、「政治零分，經濟一百分」。畢竟許多人以為只要眼睛閉上，什麼都看不見，問題就解決了。

　　可是問題真的解決了嗎？

中國發表
《一個中國的原則
與臺灣問題》
白皮書

2000

二月

21

不管怎樣，
中國就是要併吞臺灣

2000 年 2 月 21 日，
中國發表《一個中國的原則與臺灣問題》白皮書，
內容提到，中方堅決反對
「兩個中國」或「一中一臺」或「臺灣獨立」。

● 就是要統一

這份「白皮書」的主要內容是「一中原則」為中國的立場和政策，堅決反對「兩個中國」或「一中一臺」或「臺灣獨立」。只要承認一中原則，對於中國領導人鄧小平所提的一國兩制方案便可應用在臺灣，讓臺灣人民可以自己實施高度自治、資本主義等等，而不用與中國（中華人民共和國）人民一樣。

在這之前，李登輝總統曾認為「中華民國」與「中華人民共和國」

是「兩個中國」、「特殊國與國的關係」；中國則認為，李前總統的主張「意圖搞分裂，破壞以中國統一為目標的中華民族的利益」。

● 九二共識沒有共識

1992 年，臺灣與中國雙方的非官方組織在香港舉辦會談，會談內容對於「一個中國」有認識，但對於「一中」的內涵其實並沒有明確的共識。演變到後來，國民黨所稱的九二共識，是「一個中國，各自表述」。

習近平則在 2019 年 1 月初的「告臺灣同胞書 40 週年」談話中，表述了「海峽兩岸同屬一個中國，共同努力謀求國家統一」，而謀求國家統一的方式就是「一國兩制」，這也因此被解讀為「九二共識」就是「一國兩制」。至於民進黨則認為只有九二會談的「事實」，但會談中沒有達成共識，因此沒有所謂的「九二共識」。

● 兩個中國？

中華民國與中華人民共和國兩個「政權」各自獨立、且兩個政府都對外自稱是「中國（China）」。而這在國際上涉及政府承認的問題，看要選擇承認哪一個政府能代表「中國」—— 是中華民國？還是中華人民共和國？

聯合國曾經做出決議，認定中華民國已經不能代表「中國」，目前世界上承認中華民國政府代表中國的國家，只剩下 15 國。

在雙方都堅持「一中原則」下，臺灣想要走出自身的主體性，似乎有一定的難度。

德國漢莎航空機師工會罷工

2010

二月

22

只要不爽，
就可以罷工嗎？

2010 年 2 月 22 日，德國漢莎航空機師工會發起大罷工，
一千多架飛機停擺，使全球國際線大亂。

● 為何要罷工？

　　德國漢莎航空公司機師工會提出了三個主張，包括「保障並爭取良好的薪資待遇」、「決策發言權」、「保障工作權」，在與公司談判破裂後，於 2 月 22 日發起為期 4 天的罷工。超過 9 成工會成員贊成用罷工逼迫公司讓步。除漢莎航空外，集團下的漢莎貨運、子公司德國之翼機師均參與行動，造成公司每天損失約 2,500 萬歐元。

● 近期華航機師的罷工始末又是如何？

　　2018 年 8 月 30 日，華航機師工會和資方展開勞資協商。隔年 1

月 27 日，機師工會發表聲明，批評華航對「過勞航班」毫不退讓，無法繼續協商，因此宣布啟動罷工。交通部隨即介入，但效果不彰。

隨後，機師工會於 2 月 8 日凌晨 0 點宣布當天上午 6 點啟動罷工，約 32 名機師響應。提出「減少疲勞航班」、「保障機師工作權」、「薪資調整」等 5 大訴求，在交通部協調下，隔日雙方再展開協商，但未達共識破局，參與人數增至 500 名。

2 月 14 日當日晚間雙方終於取得共識，罷工結束。

● **只要不滿資方就可以罷工嗎？罷工需要符合什麼條件嗎？**

罷工屬於勞動三權的爭議權，是勞動法明文保障的權利，有以下幾個條件：

① 只有「工會」才能發動罷工。

② 只有涉及「調整事項」的爭議才能罷工（也就是希望變更或維持勞動條款）。

③ 罷工前必須先經過「勞資爭議調解」。當調解兩次不成立，才可動用罷工作為最後手段。

④ 需經會員以直接、無記名投票且「過半數同意」。

⑤ 教師、國防或限制罷工的行業（如：醫院），須先簽訂必要服務條款才可以罷工。

● **罷工並不一定是鬧劇**

罷工其實有一定門檻，並非僅無法取得共識就可進行。勞方資方都在同艘船上，沒有人不希望公司可以變得更好，大鯨魚在協商中若能稍微退讓，小蝦米自然不用以罷工爭取權利，造成社會影響。

鄧如雯殺夫案，一審判 5 年 6 個月

1994

二月

23

父權體制下的
悲劇再現

1994 年 2 月 23 日，板橋地方法院一審判決，
鄧如雯因長期遭受家暴而殺了丈夫林阿棋，
處有期徒刑 5 年 6 個月。

● 被迫和性侵犯在一起

　　事實上，這個比鄧如雯大 20 幾歲的男子「林阿棋」不只性侵過鄧如雯的母親，還性侵當時才國中三年級的鄧如雯導致懷孕。由於當時《刑法》強姦罪仍是告訴乃論，再加上社會風氣普遍認為失去貞操是女性自身的錯誤，於是鄧如雯只能與林阿棋和解，並且生下他的孩子，然後無奈地與林阿棋同居。

　　後來，鄧如雯又在林阿棋脅迫之下結婚，婚後林頻頻對鄧如雯及其兒子施暴，7 年的婚姻在家暴的陰影之下，每當鄧如雯試圖離家出

走或向外求助，林阿棋就會到鄧如雯父母家砸東西、打人。

　　1993 年 10 月 27 日，鄧如雯得知林阿棋對其妹妹性侵未遂之後，再也無法忍受，於是拿著水果刀和鐵鎚殺了酒後入睡的林阿棋，而後自首。

● 這樣的女性，難道錯了嗎？

　　鄧如雯殺夫案發後引起輿論關注，一審判決 5 年 6 個月有期徒刑，上訴到二審時，在許多婦女團體的協助下，高等法院改判有期徒刑三年，鄧如雯在服刑一年半之後出獄。當時 22 歲的鄧如雯，在一封公開信表示自己對犯案不後悔，因為她終於可以掌控自己的人生。

　　為什麼那些被家暴的人要忍受好幾年、甚至好幾十年？有人會想為什麼他們不逃跑、離婚就好？事實上，這些受虐者可能會有「受虐婦女症候群」，他們在長期受虐下產生「習得無助感」，不滿意被施暴的情況，但又消極地認為自己已經無法控制、改變這個受虐的處境。

　　過去傳統思維下可能會認為「家醜不可外揚」、「法不入家門」、「清官難斷家務事」，甚至有「男尊女卑」的觀念。而在本案發生後，才引發社會大眾對家庭和婚姻暴力的正視，四年後催生了《家庭暴力防治法》，也是婦女人權的一大步。

為什麼一個工廠，殺了262人？

1999
二月
24

臺灣RCA污染事件
死傷262人獲賠5億

1999年2月24日，有媒體報導RCA桃園廠區可能成為
國內首處永久污染區，永遠不能在上面興建任何東西。

● 為什麼一個工廠，可以殺人？

　　RCA（臺灣美國無線電公司）曾是美國家電第一品牌，1970年至
1992年期間於臺灣設廠，總廠位於桃園的中山路、文中路與富裕街間，
占地廣大。某一天，RCA前員工向立委舉發RCA污染情事，經過調
查發現RCA營運時，故意把非法生產污染性的有機溶液排到祕密開
發的水井中，並用水井中的沙土來吸收這些污染物，使得環保署的人
來稽查也不容易發現。

　　據公視2010年播出的《記錄觀點》中查訪，當時員工都敘述以
前在工廠裡，工廠的人都會提供茶包、咖啡包，來掩蓋掉有異味的地
下水。這些污染物會引發比一般人更高的罹癌率，甚至導致不孕、生
出畸型兒的狀況。根據後來的資料顯示，逾1,300人罹癌、200多人

死亡。

　　此外，污染物的比重都大於水，很快便滲透到桃園的地下水層中，隨水流緩緩擴散，成為永久性的污染。環保署也將 RCA 桃園廠址判定為「永久污染處」，這塊地永遠不能蓋任何建築。

● 求償無門？

　　當時臺灣的環保意識仍然相當低落，所以社會在「拼經濟」的氣氛下，並沒有人覺得這是一個問題。再者，RCA 產權因不斷轉讓，造成勞工無法求償。RCA 更藉著保密協定，使得整起污染事件可以在祕而不宣的情況下，RCA 順利退出臺灣，之後接手的人並非污染製造者，因而「推諉卸責」。

● 遲來的正義？

　　2018 年 8 月 16 日，法院判 RCA、奇異等四家業者須連帶賠償其中 262 位員工、家屬共 5 億餘元。創下司法史上工傷案判賠金額最高紀錄，另 246 件求償案發回更審，全案部分確定。

　　整件事情後來在工傷協會、RCA 員工關懷協會等單位及義務律師團努力之下，達到階段性的勝利 —— 但是，很多人等不到判決結果，已經離開這個世界了。

....

＊ 參考資料 ·

· 《種樹在方寸》，〈5.9 我說桃園的 RCA〉
　http://ecofriendlchi.blogspot.com/2012/05/59-rca.html。

· 《焦點事件》，〈台灣 RCA（台灣美國無線電公司）汙染事件及訴訟大事記〉
　http://www.eventsinfocus.org/issues/2450

· 《The News Lens 關鍵評論網》
　〈台灣版「永不妥協」RCA 工傷案：抗爭 20 年判決死傷 262 人獲賠 5 億確定〉
　https://www.thenewslens.com/article/15429

韓國：
通姦無罪！

2001

二月

26

臺灣成為世界少數
還有通姦罪的國家

2001 年 2 月 26 日，
「通姦罪」遭到韓國憲法裁判所宣告違憲。

● 法官：「自願性行為，沒有必要刑法處罰！」

　　所謂通姦，就是婚外性行為，跟已經具有婚姻的人自願發生性關係。通姦罪就是要保障家庭的穩固，透過刑法來限制已婚人士和外人發生性關係的權利。

　　在過去，韓國曾四次挑戰通姦罪的合憲性，但都以合憲結案，這次韓國憲法裁判所認為：「公權力不應干涉民眾私生活，該罪侵犯了人民隱私權。」實施了 62 年的通姦罪畫下了休止符。法官也說：「保護婚姻制度與夫婦間履行貞節義務之公共利益，已難以透過對審判對

象施加條款懲罰來達成，該條款已過分限制國民在性方面的自決等基本權利，喪失法益均衡性。」

● 那臺灣呢？我國的大法官有說通姦罪違憲嗎？

我們有通姦罪，且是世界上少數有此罪的國家。

曾經有法官覺得通姦罪是違憲的法律，因此聲請大法官解釋，大法官在 2002 年做出釋字第 554 號解釋回應：「婚姻家庭是社會的重要基礎，而且有維護人倫制度、男女平等及養育子女的社會功能，所以國家有必要透過法律來保護婚姻完整，以通姦罪約束夫妻的忠誠義務，不違憲！」

● 但你知道，通姦罪基本上不會坐牢嗎？

刑法通姦罪是一個刑度很低的罪，要掌握通姦證據非常難，所以要定罪更為困難。最後就算定罪了，99.9% 的被告都不會坐牢，最多就「易科罰金」。

處罰通姦行為反倒成了傷害無辜第三者的利器，要嘛是老師對學生，不然就是上司對下屬，都屬於相對弱勢。此時若加害人的配偶不但不責備另一半，反而向這些受害者提出告訴，豈不是讓法律成為共同加害者嗎？

● 通姦罪，是不是要廢棄了呢？

廢掉通姦罪，並不是鼓勵通姦，刑法沒那麼偉大。再者，也會面臨麻煩的家事訴訟，這種麻煩痛苦以及糾結，可不輸刑法的威脅。

目前通姦罪的釋憲案已經再度提起，相信再過幾年，就會有答案。

微軟
與公平會和解

2003

二月

27

Word可以
獨占天下嗎？

2003 年 2 月 27 日，
微軟與公平交易委員會達成行政和解，
同意在價格及售後服務等給予優惠。

● 查緝盜版，人民賭爛微軟

　　許多人認為，微軟獨占而壟斷國內軟體市場，且過高的定價，導致愈來愈多人使用盜版。因為太多人使用，公平會隨後成立專案小組調查，經過談判後雙方達成和解。

　　和解要約書中，微軟同意將常用的「Word」、「Excel」、「Powerpoint」、「Outlook」分開販售並調降售價，讓消費者可選擇分開購買。此外，微軟也同意就分享原始碼並調整售後服務等給予優惠，並承諾與臺灣用戶以繁體中文訂定契約，授權合約受我國法院

管轄，適用我國法律。和解契約有效期為五年，內容包括消費者權益、市場競爭等項目。

● 這個和解是什麼？

「和解」是雙方各退一步以達成協議，是解決爭議的一種方式。例如，小明騎車撞傷小華，兩人同意以小明給小華醫藥費解決紛爭，所作成的即是和解。和解的使用範圍很廣，「人民」和「行政機關」也可以和解，這種和解就是「行政和解」。

行政和解是一種人民和行政機關為了終結紛爭而簽訂的「書面契約」，效果和法院判決相同。和解的內容不能違反任何法規命令或危害公眾利益，且行政機關必須是「有管制權限」的主管機關（例如：金管會管制證券、公平會管制交易行為）。行政機關一旦與人民成立行政和解，雙方都必須受到和解約束。

● 公平會贏了面子，微軟贏了裡子

有學者評論上述和解只是微軟給予適當期間優惠，並沒有實際改變定價。甚至有論者更指出雙方達成的和解，其實變相承認微軟「壟斷市場」。但無論如何，雖然監察院認為在調查意見部分，公平會仍有許多有待檢討改進之處，但不可否認的是公平會以不到一年的時間，與世界最大的軟體公司達成行政和解，使微軟在價格中讓步並給出優惠，雙方各退一步各有所獲，也算合乎行政和解的意義。

爭取自由坐牢，
然後
我的家人就被殺了

2003

二月

28

美麗島事件，
阿扁說要還原真相。
林宅血案，
卻永遠不知道真相

2003 年 2 月 28 日，
當時的總統陳水扁公開美麗島事件的史料，
希望還原歷史真相，
並給當事人及他們的家屬一個交代，
因為唯有誠實的面對歷史，
才能真正建立一個民主自由的國家。

● 為什麼發生美麗島事件？

　　當時因為國民黨政府修正「動員戡亂臨時條款」，國會得以增補選，漸漸發展出「黨外」的民主運動。「黨外」是指國民黨以外反對國民黨獨裁統治、並爭取民主與自由運動的人士。後來由於中華民國與美國斷交，蔣經國政府宣布延後選舉，並限制非法集會、遊行和請願等活

動，更進一步限制政治刊物。

　　黨外人士參政管道受阻後隨即轉向，藉由政治活動和政論刊物爭取參政權和言論自由，要求國會改選、解除戒嚴等訴求。1979 年《美麗島》雜誌社就在這樣高度緊張的關係下成立，當時並申請在 12 月 10 日世界人權日當天，於高雄舉辦集會遊行，但未獲准許。

　　甚至在前一天警備總部舉行冬防演習，嚴禁一切集會，宣傳車更被阻擋，禁止宣傳遊行活動，黨外人士於是決定如期遊行，當天晚上鎮暴部隊強制驅散，引爆警民衝突。此次事件之後，警備總部大舉逮捕黨外人士，在遭受刑求逼供及疲勞訊問後，多位人士被判有期徒刑而入獄。

● **參與審判的司法者後來怎麼了？**

　　美麗島事件的黨外人士和辯護律師，後來成立民進黨，在民主化之後，開始擔任政府要職。

　　但在看似講求轉型正義及司法改革的今日，將民運人士送入監獄的司法者，卻沒有隨著事件推移而退出司法體系，甚至還身居要職；司法領域也是如此，參與政治迫害的司法人員未曾在法律上或道德上予以追究，美麗島事件審判的法官和檢察官，並不會因為做出違反法律及民主的判決而受懲處，人民又該如何信任這樣的司法？

　　不僅如此，二二八這天還發生另外一件離奇命案。

● 明明被政府監視，家人卻被屠殺？

1980 年 2 月 28 日，美麗島事件的被告林義雄，家裡被人闖入，他的媽媽以及兩個雙胞胎女兒雙雙被殺身亡，另外一位長女身受重傷。這個案子至今都沒有破案。

當時林義雄因為美麗島事件被政府逮捕，所以在新店監獄候審。他的妻子和助理前去探監時，家裡就只剩下三個女兒以及他的母親。正當他的助理田秋堇（後來成為民進黨的立法委員）回到林家之後，發現林義雄母親身中 13 刀，慘死在地下室，雙胞胎女兒背部一刀貫穿胸部，當場死亡。而長女雖然身中六刀，但因為身上背著書包，所以送醫後救回生命。

這整件事曲折離奇 —— 首先，這個案子至今都沒有偵破。再者，根據傷口勘驗亡者的死亡方式，兇手將刀刺入身體後都是橫向反勾與故意下切，明顯就是要置對方死地的作法。甚至有專業人士指出，這根本就是受過軍事訓練的行為。更難以理解的是，當時這種被政府「盯上」的人，隨時都會有特務監視，所以大家想不通的是，林義雄家裡附近都會有人隨時監視，為什麼會有人可以闖入他們家中，並且屠殺其家人？

或許我們不知道真相，也或許我們知道真相。

我們現在可以大罵「蔡英文尤達大師呢嘛叭唭」而不會被政府抓走，也不會被消失，這真的是非常多人付出極大的代價所換來讓我

們享受的。

　　而現如今，有許多人卻指責這群當時拚盡全力、甚至性命的人是在操作意識形態。也許今天就讓我們反思一下，是不是有一些事情我們沒有深深地認真思考，而卻值得我們好好想想的呢？

MARCH

三月

**你是忘記，
還是害怕想起來？**

立法委員
真的太多了嗎?

2004

三月

1

林義雄絕食,
施壓國會減半

2004年3月1日,林義雄在立法院靜坐絕食,
施壓立法院儘快通過立法委員減半的修憲案。

● 三個臭皮匠,勝過一個諸葛亮?

　　現在立法院之立委共有113人,但是在第七屆立法委員之前,立
法院的席次共有225席。直到2005年第7次修憲,立委人數減半,
變成現今的113人。在該次國會改革中,選舉制度也有改變,採行兩
票制,也就是選民有兩張選票,其中一票選人(區域立委)、一票選黨(不
分區立委)。

　　在立委席次減半運動中也有反對的聲音,例如立委林濁水認為臺
灣人口數與225名立委相除計算後,比例並未失當或不合理,因此不
應該減半。而改完制度後的第一次選舉,也真的發現這個問題。2008

年立委選舉後國民黨成了一黨獨大，民進黨席次大幅減少，剩下小黨全軍覆沒。

為什麼會這樣？因為在以前一個選區可以選很多位立委，所以就算你不是最高票也有機會當選（就和現在的議員選舉一樣）。但是後來修改的制度，一個選區只能選出一位，造成不是藍就是綠當選，當然小黨全滅。

● **不分區過 5%，就可以有立委席次？**

但這次制度的更動，其實還是有給小黨一個機會，就是「不分區立委」。選民投給該黨的政黨票只要超過 5% 的得票率，就可以有席次。

但是 5% 似乎有點困難。至今只有 2012 年的台聯黨和親民黨，以及 2016 年的時代力量和親民黨有跨過這個門檻。因此，許多小黨認為這樣的制度不公平，所以提起釋憲。

● **大法官說了什麼？**

大法官多數認為 5% 的門檻規定目的是在避免「小黨林立」，造成議事運作的困難，而且還是有小黨還超過 5%，所以很難說這是違憲的規範。但也有大法官認為，就算是「小黨林立」也不代表議事效率會很糟，大法官該論證是不夠清楚的。當然，並非說小黨進入立法院，就一定是「好」或是「壞」，還是要回到每個國家整體的憲政制度來看，才能作出評價。

國家對於火災，
有沒有責任？

2009

三月

2

白雪大旅社火災，
7人死亡

2009年3月2日，
臺北白雪大旅社成為煉獄，
火災奪走7條命。

● 曾經是屬於臺北的高級旅社

　　白雪大旅社是早期臺北的高級旅社，也是當時臺北少數的合法旅社，甚至標榜全臺北第一家冷氣開放的旅社。但後來隨著經濟發展，愈來愈多高級旅社興起，白雪大旅社反而成為著名的「便宜旅社」。

　　2009年3月2日凌晨的一把火，將這個歷史悠久的老旅社，掃進歷史的灰燼。

　　在那天的凌晨2點45分，火警突然大響，驚醒了20名睡夢中的房客及員工，火勢從2樓竄出，一位住在2樓的92歲房客方先生，

一出房門就被濃煙嗆昏且葬身火窟，根本沒機會到樓梯口逃命。而參加自助旅行的馬來西亞人，原本過幾天要回國，其中 3 人不幸被這場惡火帶走。

● 國家有沒有責任？

後來，檢察官的偵辦方向，以負責人過失行為進行。但是，國家在這場人禍中有沒有責任？

答案是當然有可能（以下講解不代表本案）。如果是有人故意縱火，當然和國家沒有關係，但如果是過失行為所產生，國家在這當中就可能有責任。

國家具有「保護義務」，意思是國家有採取積極措施，保護人民免於第三人或自然力侵害的義務。這是因為憲法以降的規範，蘊含了保障基本人權的精神，並且考量侵害者的角色並非僅止於國家，也有可能來自強勢的第三人或無情的天災，因此要求國家扛起這樣的保護責任。

所以，我們有「國家賠償法」，目的就是希望國家在人民偶有疏忽之處，國家要盡到保護的責任，讓公平真正的落實。也正因為如此，如果在沒有弄清楚「國家責任」之前，對於新聞中所提到的國家賠償，要保持冷靜來思索，而非情緒性的批評。

落跑醫師
錯了嗎？

2015

三月

3

香港爆發流感

2015 年 3 月 3 日，
香港流感疫情累計 311 人死亡。

● 流感肆虐，死亡人數暴增

　　2015 年，香港爆發流感，有專家認為這波流感的感染人數難以計算，初估死亡率為 3.2%，且死亡人數不斷增加，甚至超越香港 SARS 的死亡人數，也讓人想起 SARS 的可怕。

　　提到 SARS —— 這個 2003 年在臺灣爆發、引起人心惶惶的病毒，人人戴著 N95 口罩，彷彿隨時都有可能「染煞」。甚至在臺北市和平醫院爆發院內感染後，被市政府下令封院並召集已經回家的醫師回來和平醫院隔離。

　　但是，有醫師並不認同這項措施。

● 我沒有感染，為什麼要回醫院？

　　有一位和平醫院的醫師，在下令封院前已經回到家裡。就自己的醫師專業判斷，非常確信自己沒有感染 SARS，若要回到和平醫院，豈不是增加自己的感染機率？於是他拒絕返回和平醫院，並且自行居家隔離。事後，北市府對他祭出 2 大過、免職、停業 3 個月、罰款 24 萬元等處分。該醫師不服，並著手打行政訴訟，最後敗訴，並聲請大法官釋憲。

　　該醫師認為，基於憲法第 8 條規定，涉及限制人民自由的事項大多須經過法官同意，但是國家命令人民隔離的法律規定不必經過法官同意，違反正當法律程序；此外，欠缺法官同意等於欠缺權力之間的相互牽制，使得國家可以任意拘禁人民。

● 大法官：「法官沒有專業來決定這件事！」

　　但是釋憲的結果不如預期。大法官在釋字第 690 號解釋中表示，法官沒有醫療專業，相關事項必須醫療主管機關來決定是否隔離以及隔離多久，不過必須要有合理的時間、程序及補償。

　　有趣的是，本號解釋有非常多大法官提出「不同意見書」，他們都認為本案最大的癥結點在於「沒有法官同意」—— 即使法官沒有醫療專業，隔離還是要有法官同意的程序。一方面可以讓主管機關負擔決定隔離時的「說理義務」；另一方面，就算法官 99% 都會因為尊重專業而同意，但「法官同意」卻是為了那 1% 不應該被隔離的人而存在。

　　不論如何，都希望臺灣也再也不要發生這樣的事，而如果發生了，也希望細緻的法制可以幫助我們渡過難關。

無法生育的人，
法律來幫你！

2007

三月

5

立法院三讀通過
《人工生殖法》

2007 年 3 月 5 日，
立法院三讀通過《人工生殖法》。
不過根據法律規定，只有夫妻才能接受人工生殖手術，
排除未婚者與同性戀的適用。

● 做愛就好了啊，幹嘛要人工生殖？

　　「人工生殖」是以「性交以外」的人工方法，完成受孕並生產的醫學技術。《人工生殖法》最重要的規定是，僅具備「合法婚姻」關係的夫妻，才能進行人工生殖手術，而植入母親子宮內的胚胎，必須由父親的精或妻的卵所構成。此外，母親的子宮也須具備「孕育胎兒的能力」，所以在「代理孕母」合法化之前，子宮異常或有疾病的母親，仍

無法藉由《人工生殖法》生小孩。另外，目前手術僅提供給「不孕夫妻」，因此不適用於未婚者。

同性婚姻能不能依照 2019 年通過的《司法院釋字第七四八號解釋施行法》適用《人工生殖法》？衛生福利部在 8 月時以函釋說明，《人工生殖法》目的在保障「不孕夫妻」，而不是「創造生命的方法」，所以同性婚姻也不適用《人工生殖法》。

● 是否保障不周？

從衛福部網站中，可以看到這樣的說明：「基於維護生命之倫理及尊嚴，人工生殖技術應以治療不孕為目的，而非作為創造生命之方法，因此我國人工生殖的施行限於不孕夫妻。所以未婚者、單親、同志等都無法要求做人工生殖。」

然而，人民的「生殖權」也是受法律保障的一種權利，無法自然受孕的同性配偶或單身者，想要透過醫學技術實踐此項權利，應該受法律所保障 —— 立法消極的不作為可能有保護不周的疑慮。

鄭捷隨機殺人案，
一審處死刑

2015

三月

6

為什麼會有
隨機殺人？

2015 年 3 月 6 日，
新北地方法院一審判決臺北捷運隨機殺人案被告鄭捷，
成立 4 個殺人罪、22 個殺人未遂罪，
總共處 4 個死刑、超過 100 年有期徒刑。

● 隨機殺人，捷運濺血

　　2014 年 5 月 21 日，鄭捷在一列行經龍山寺到江子翠之間的板南線列車上，拿刀隨機刺殺乘客，造成 4 死 24 傷的悲劇。

　　為什麼挑這路段行兇呢？因為龍山寺站到江子翠站長達 4 分鐘車程，是板南線全線行車時間最長的區間，能讓鄭捷在短時間內達到大量殺人。

本案也是 1996 年臺北捷運通車以來首宗致命犯罪案件，鄭捷除了因為被害人死亡成立殺人既遂罪外，其餘傷者傷勢因為多集中在胸部，新北地方法院認定鄭捷所攻擊之處多為要害致命部位，全部成立殺人未遂罪。

「鄭捷事件」發生後，警方加派警力駐於捷運站內巡邏，以防堵有類似的情況再發生。同時捷運也因為此隨機殺人事件載客量下跌，營業損失不少。

● 執行死刑？

在保障人權的「兩公約」內國法化後，判決死刑必須是「對最嚴重的罪行之懲罰」，從地方法院到最高法院判決的認定，鄭捷隨機殺人就是所謂「最嚴重罪行」。

鄭捷隨機殺人案，歷經三審都以死刑作結，殺了這麼多人的兇手，許多人都質疑為什麼不「速審速決」？其中最常被討論的，就是我們的訴訟制度永遠不是完美的，我們永遠都會有殺錯人的機會，所以謹慎面對每一個案件，就可以讓我們不會殺錯人。

但是像鄭捷這樣最罪證確鑿的人呢？他很明顯真的是兇手啊！但想想，所有的死刑犯，不都是法律上的「罪證確鑿」嗎？如果我們堅定地相信，生命如此重要，而只因為有個極端恐怖的人，難道就要我們放棄我們堅信的價值，摧毀好不容易建立的訴訟制度，回到原古時代的機制嗎？

這種極端的人，就會是我們社會良善制度的惡意挑戰者，或許唯有冷靜下來，我們才能理性面對。

從鞋子到子彈，對總統不滿的一百種方法

2005

三月

7

警方公布
「319 槍擊案」主嫌

2005 年 3 月 7 日，警方召開記者會，
宣布「319 槍擊案」的主嫌是陳義雄。

● 總統候選人被槍擊！

2004 年 3 月 19 日，總統大選前一天，尋求連任的陳水扁總統及
呂秀蓮副總統，在臺南市掃街拜票時遭到不明人士槍擊 ── 隔天總統
大選結果，陳水扁以不到三萬票的差距擊敗國民黨的連戰，許多人都
認為這兩顆子彈是連任成功的關鍵。

2005 年，檢警公布嫌犯是臺南市前角力協會會長陳義雄，不過
陳義雄在案發後 10 天溺斃於安平港，並在遺書中坦承犯案，但遺書
卻被家屬銷毀。

● 總統惹人厭，子彈換鞋子

除了子彈之外，最常用來表達不滿的方式莫過於丟鞋了！

不過，丟鞋抗議是從哪裡來的呢？在阿拉伯世界中，丟鞋或向他人露出鞋底，被視為是一種侮辱，也是貶低人格尊嚴的行為。

2019 年 2 月，臺中地方法院作出一個裁定，有民眾在黃金島前輩的公祭時，對在現場的馬英九丟鞋，被警察依違反《社會秩序維護法》移送，但法院竟然裁定不罰！

為什麼呢？法院的理由有兩個：

第一，馬英九本人參加告別式時候的身分並不是「依法執行公務的公務員」，而且這場公祭告別式是私人之場合。第二，丟鞋的民眾已經表明他丟的對象是馬英九，不是在場的特勤人員。警察機關也沒有足夠的證據，能證明丟鞋的人目標是在場的特勤人員。

簡單來說，被丟鞋的馬英九不是公務員，而在場一旁的特勤人員雖然是公務員，但不是被丟鞋的對象，所以就不能用《社會秩序維護法》的妨害公務員依法執行職務的相關規定來處罰了。

但記得，如果是攻擊性的物品，法律當然就不會輕輕放下了。

法律能不能改變性別歧視

2002

三月

8

蘆洲市解僱
42 名女性清潔員

2002 年 3 月 8 日，《性別工作平等法》實施的第一天，
臺北縣蘆洲市（現在的新北市蘆洲區）清潔隊
解僱 42 名女性清潔員。

● 蘆洲市長為什麼解僱這 42 名女清潔員？

　　這天，42 名蘆洲市清潔隊員在她們上班的路上，突然被通知解僱
不必去上班了。這些女清潔隊員的家境大多不好，家裡也有小孩。但
是新上任的蘆洲市長卻表示，「這些清潔隊員都是上一任市長的臨時
僱員，現在根本不缺清潔員」，一聲令下，42 名女清潔隊員就在婦女
節當天，且也是《性別工作平等法》上路第一天被解僱。

這個事件隱含的問題，除了臨時人員及約聘僱人員「用完即丟」的處境，也透露出女性容易受到職場歧視及差別待遇的不利。

● 性別工作平等法之外，仍有法律無法改變的歧視

　　性別工作平等法規範各種消除職場歧視的規定，例如懷孕歧視、性別歧視、性騷擾防治與處理。重要的具體措施包括，雇主不得因為員工結婚懷孕或分娩解僱員工；女性可以每個月請生理假一天，且併入病假不扣薪水；子女滿三歲之前，父親或母親可以申請育嬰留職停薪，期限兩年；妻子生小孩，男性員工有陪產假五天；子女未滿三歲，父親或母親可以要求每天減少工作一小時的時間，不給付薪水，也可以要求調整工作時間；另外還有哺乳時間和托兒設施、哺乳室設置等規定。

● 有那麼多規定，但為什麼還是一堆歧視？

　　事實上不成文的歧視仍相當普遍。許多女性在求職階段，可能會被雇主詢問婚姻和生育規劃。因此女性為了求職，或是深怕自己錯過升遷的機會，根本不敢生也不敢請假；雇主認為女性生育後不是離開職場，就是要兼顧育兒，之後還要增補人力太「麻煩」，乾脆先排斥女性員工加入，這種對家庭分工的想像，是沒辦法改變的刻板印象。

　　也有人會說，女性在職場其實也是受到很多技術指導的待遇吧？但是這種把女性視為相對「弱者」，特別被提出討論其需要被指導的立場，又何嘗不是另一種歧視？也許有些人會覺得這是「女權自助餐」，但不能忘記的是，從以前到現在，女性的權益是如何一步一步爭取來的，如果沒有這些爭取及價值的推衍，過去那些歧視和差別待遇到現在仍會被視為理所當然。

中國禽流感疫情，WHO 將臺灣劃入中國疫區

2006

三月

9

中華民國
到底是不是國？

2006 年 3 月 9 日，當時中國爆發 H5N1 疫情，
世界衛生組織（WHO），以臺灣是中國的一省為由，
將臺灣劃為 H5N1 感染區。

● 發生了什麼事？

　　2003 年，H5N1 禽流感在東亞爆發，也迅速傳播到中國，直到
2006 年，中國 H5N1 的疫情仍相當嚴重，不少人因而死亡。但是，當
時仍未出現 H5N1 確診病例的臺灣，卻也被 WHO 劃入感染區，因為「臺
灣是中國的一省」。

　　在 WHO 發布消息後，外交部在第一時間表示不能接受，並正式

去函至 WHO 祕書處抗議，要求立即更正這個嚴重錯誤。一旦臺灣被誤認為 H5N1 感染區，將衝擊臺灣的貿易、旅遊和國際形象。

● 是不是一個國家要怎麼看？

從國際法的角度來說，判斷一個政治實體是否為一個「國家」，除了傳統國家的要素之外，也要具備「獨立自主」及「平等」兩要素，也就是國家在有效管轄的領域可以單獨行使權利，不受任何限制，且能有效與其他國家來往，於國際法上的權利不受其他國家所干涉，而能承擔國際法上的義務。

除此之外，現代國際法也認為一個國家的存在，或取得國際法主體的資格其實不用其他國家承認。「承認」只是其他國家宣告該國存在的事實，而國家之間通常以建立正式外交關係、承認管轄能力有效，或對國家行為給予豁免權，以表示對他國的「承認」。

● 符合要素，但不願成為國家

儘管可能符合了傳統國家的要素，「臺灣」仍然不被國際社會視為一個「國家」。最大的原因是缺乏以「臺灣」為「國家」的主觀意願。

但是，在「中華民國（中國）」而非「臺灣」的框架下，也代表著我們對外宣稱是「代表全中國的唯一合法政府」；顯然地，在世界上大部分國家眼裡的「中國合法政府」在北京，臺北的「中華民國」自然沒有容身的空間。

歷史因素造就了現在的臺灣，未來的我們究竟該以什麼身分在國際社會中生存，是每個世代的臺灣人必須努力尋找的答案。

中國血腥
鎮壓西藏

1959

三月

10

和平協議帶來的，
不是和平

1959 年 3 月 10 日，中國政府血腥鎮壓西藏，
造成逾 8 萬西藏人（或稱圖博人）死亡，
此後達賴喇嘛與 8 萬西藏人流亡印度。

● **西藏抗暴發生什麼悲劇？**

　　1950 年中國解放軍入侵西藏，無力面對龐大的軍隊，西藏代表團簽訂《十七點和平協議》，但自此之後，漢藏衝突時常發生。

　　1959 年是抗暴事件的起點，當時的政治局勢已經相當緊張，中國官員邀請「第十四世達賴喇嘛」丹增嘉措觀賞演出，但拒絕護衛進入，藏人並不放心，又爆出「中國要毒殺達賴喇嘛」等傳言，西藏人因此聚

集在達賴喇嘛住處想要阻止其赴約,並且引發抗議,要漢族離開西藏。

　　後來,大規模的抗暴運動爆發,達賴因而逃到印度,解放軍與藏軍互相開火,中國順勢解散原本由達賴領導的「噶廈」政府,並發生一連串的歧視和屠殺,自此西藏人民失去自由和人權,而達賴與許多藏人展開流亡生涯。

● 不只為了西藏,更為了所有受人權迫害的人

　　西藏自古擁有自己的語言、文化和宗教,卻遭到中國強制「解放」,要擁有什麼樣的政治體制、經濟制度,都應該由西藏人自己決定,而享有宗教和信仰的自由、人身自由,也是每個人的權利。但如今他們的語言、文化和宗教不斷流失。

　　如何阻止人權侵害不斷地輸出世界是一直以來的難題。西藏人和其他受人權迫害的人想要回家卻無家可歸,如果有人認為西藏人爭取人權是不可能到達的世界,那麼,我們認為他們的行動是為了避免一個缺乏想像可能性的世界。

　　「西藏抗暴」以後,1989 年及 2008 年又發生大規模的衝突事件,西藏人再度受到武力鎮壓,我們能為西藏做什麼?又或者說,我們能為人權做什麼?

　　看看圖博,想想臺灣。

　　和平協議,真的可以簽嗎?

老闆，
下班之後不要
傳LINE給我喔！

2017

11

三月

新北市開第一槍，
下班後傳LINE
也是加班

2017年3月11日，新北市勞工局表示，
新北市勞工仲裁委員會認定，
老闆在員工下班後傳 LINE 交代工作，必須給勞工加班費。

● **絕對不給下班的科技**

　　新北市有一位在電子製造業工作的助理 A 先生，常常在下班後還會接到主管交辦工作的 LINE。根據仲裁委員會的計算結果，平日他多加了 358 分鐘的班，而假日則是 1,007 分鐘。

● **絕對想下班的員工**

　　發現人生就這樣白白浪費的 A 先生，除了一天到晚被主管用

LINE 遠距遙控以外，後來還被資遣。一氣之下他把對話記錄截圖作為證據，要雇主交出加班費，卻被資方拒絕了。後來雙方勞資調解破裂，於是合意交付仲裁。

最後，仲裁委員會根據 A 先生提供的對話紀錄資料，認為他下班後還收到主管交辦工作的 LINE，屬於「在工作場域外提供勞務」（意思就是你只有肉體離開公司，你的靈魂被 LINE 關在公司裡），並且依照通訊軟體對話的頻率、次數、通話秒數，以一分鐘 1.75 元的薪資計算（25K月薪除以上班時數），資方總共需要額外吐出 2,598 元的加班費。

新北市勞工局也另外表示，勞工在雇主指揮監督下「提供勞務」或「受令等待提供勞務」，就是《勞動基準法》所稱的「工作時間」。因此雇主在下班後或假日，以通訊軟體、電話等要求勞工工作，仍算加班。

● 科技帶來的後遺症

LINE 很方便，只要有網路的地方就找得到人。但原本讓溝通更方便的通訊軟體，卻變成老闆遠端控制員工的遙控軟體。甚至還曾經發生過有勞工處理雇主不斷在 WhatsApp 上交代的工作，因而過勞死的案例。

或許在臺灣，所有人對於工作的思維必須要有改變，這樣的狀況才有可能改善，否則科技的便利，都會變成老闆控制員工的利器。

前總統馬英九
被起訴

2017

三月

14

洩密的
大是大非問題

2017 年 3 月 14 日，
前總統馬英九涉嫌洩密，被檢察官起訴。

● 為什麼被起訴？

　　2013 年，立委柯建銘涉案被特偵組檢察官監聽，意外發現他竟然打電話給立法院長王金平關說。檢察官跟當時的檢察總長黃世銘報告以後，黃世銘再轉告馬英九，最後馬英九將這件事情跟行政院長江宜樺、總統府副祕書長羅智強討論追究王金平政治責任的問題。

　　這件事的問題，就在於檢方偵辦中的案子必須嚴守「偵查不公開」原則，理論上馬英九等人不應該知道這件案子、更不可能和其他人討論。

　　檢察官認為，總統執行職權應該符合權力分立原則，不能侵害到

其他憲法機關的權力核心。馬英九因為總統職權接觸到尚未偵結的案件，不能無故洩漏給江羅兩人。因此檢方認為馬英九涉嫌教唆《刑法》洩密罪、《通訊保障及監察法》、《個人資料保護法》而起訴他。

● **法院怎麼說？**

本案在一審時，臺北地院認為馬英九確實有「洩漏」國防以外祕密、「使用」通訊監察所得祕密及「不當利用」個人資料，但是依照憲法第44條的「院際調解權」規定，總統可以依照職權來調解紛爭，所以不罰。二審時法院認為就算有院際調解權的規定，但依照證據顯示，都沒有涉及處理五院之間的爭議，依憲法所賦予以各院權限行使之爭執，之後更改判馬英九犯通訊保障及監察法第27條公務員洩密罪，處有期徒刑4個月。

該案件後來被最高法院撤銷判決，發回臺灣高等法院更審，2019年7月高等法院更一審認為馬英九不是通保法第27條「執行通訊監察職務的公務員」，也沒有教唆黃世銘洩密，改判無罪，全案定讞。

● **我們期待的制度是什麼樣子？**

司法關說當然是對權力分立的一大侵害，但在一個民主法治的國家，不能為了解決問題而不擇手段。檢察官在對馬英九的起訴書中也表示，就算是要處理閣員政治責任，馬英九也可以選擇「合法適當」的方式來處理，像是偵查完畢後再來釐清相關人員的責任歸屬，沒有必要以這種方式來處理政治責任。

烏干達末日教派造成上百人死亡

2000

三月

17

宗教自由
有沒有界限?

2000 年 3 月 17 日,
非洲烏干達「末日教派」教徒集體死亡,
受害者高達上百人。

● 可怕的事發經過

經過警方調查,發現這是一件邪教殺人事件。一位叫作「瑪琳達」的女士創建了一個「恢復上帝十戒運動」的組織,並告訴大家她可以和聖母瑪麗亞對話,教徒必須對她膜拜,並且捐錢,也因為各種儀式以及話術,瑪琳達控制了上千名群眾。

上千名群眾都被瑪琳達說服 2000 年是「世界末日」,所以賣掉財產並跟隨瑪琳達,結果後來發現根本沒有世界末日,因此,開始有信徒覺得不太對勁,想要把財產拿回來,但反抗並沒有成功。

最後，這群教徒在進行完禱告的儀式後，數百人在教堂裡被活活燒死。而瑪琳達至今都沒找到，而且當局發現他殺的人根本不止這些。

● 宗教，可怕嗎？

有的宗教這麼可怕，國家為什麼不管？因為「憲法」保障「宗教自由」，但宗教自由的保障還是有界限 —— 至少不能破壞現今社會中的「自由民主憲政秩序」。例如，宗教不可以主張「生命權」不存在而殺人，也當然不能以行動廢除民主制度。

根本而言，「憲法」是保障「宗教自由」的關鍵。如果宗教自由可以衝破憲法，反而會造成憲法無法保護宗教自由。所以我們必須要在這裡找到一個平衡點，宗教有它的特殊性，所以可以有特別的架構來保護，但不代表可以無限上綱。

若按照大法官的見解，憲法不會過問「內在的思想」。但是，如果「內在思想」轉換成「外在宗教行為」（例如信仰殺人可以救贖，所以開始殺人），憲法這時也要發揮功能來應對，否則宗教自由無限上綱，一方面會架空憲法的民主國原則，另外一方面也會成為憲法的「化外之地」，成為與基本權相違背的領域。

但這樣對嗎？大法官說了，「內在信仰」是絕對保護，所以到底憲法優不優先？這就是難處，兩個不同的規範系統，就是會有這樣的衝突。

宗教，具有令人安定的力量，但同時卻是法律規範中不安定的系統。

改變臺灣的
一場審判

1980

三月

18

被迫公開的
美麗島大審

1980年3月18日，國民黨政府在國際壓力下，
公開審理美麗島案。

● **什麼是美麗島大審？**

　　1979年，威權統治下的臺灣，一群黨外人士創辦了《美麗島雜誌》，
探討自由與民主（必須注意的是，這裡的黨外人士包含了各種不同的政治立場，
統派獨派都有）。

　　當年12月10日的國際人權日，為了表達對民主自由的追求，以
美麗島雜誌為核心的黨外運動人士，在街頭進行遊行及演講，卻遭到
鎮暴部隊包圍，引起警民衝突 ── 這也就是所謂的「美麗島事件」。

　　衝突後，軍警、情治人員大舉逮捕黨外人士，並進行軍事審判，
這也是自二二八事件以來臺灣最大規模的警民衝突。

● 為什麼要強調「國際壓力」？

「美麗島事件」爆發後，許多黨外人士遭到逮捕，政府一度打算以「叛亂罪」判處這些黨外人士死刑。但是這件事引起國際組織以及美國國會議員的關切，世界各國的媒體紛紛前來臺灣採訪，對政府當局產生非常大的壓力。

於是在 1980 年的美麗島大審，政府決定公開審理，讓當時被抓的黨外人士、被警方刑求過程，統統在法庭上公諸於世。例如林義雄就被警察毆打以及拿香菸燙臉，甚至有其他的被告耳朵被打聾以及身體內出血。

而正因為此案的政治敏感，使得許多人不敢替這些被告辯護，但在江鵬堅、鄭慶隆、張政雄、鄭勝助、呂傳勝、尤清、鄭冠禮、高瑞錚、郭吉仁、張火源、謝長廷、陳水扁、張俊雄、蘇貞昌、李勝雄等人站出來之下，每一個被告都有兩個律師幫忙辯護。

最後，除了施明德被判無期徒刑之外，剩下都被判有期徒刑（如呂秀蓮、陳菊、林義雄等人）。

就在 1990 年 5 月 20 日，李登輝就職總統當天，簽署「美麗島事件」特赦令，政治犯終於重獲自由。而這些政治犯以及辯護律師，也慢慢成為日後民主進步黨的重要人士。而臺灣的政黨政治，也慢慢從一黨獨大，走到有政黨競爭的情況，民主政治也算是向前了一大步。

無知，
可能才是
最可怕的

1994

三月

19

臺大拒絕
愛滋病帶原者住校

如果有一天，學校禁止你進入校園，你做何感想？
1994 年 3 月 19 日，
媒體報導國立臺灣大學將禁止愛滋病帶原者住校。

● 愛滋病帶原者 = 禁止往來戶？

　　1994 年，臺大修正宿舍管理辦法，將針對新生進行血液快篩，檢查有無愛滋病陽性反應。若為確定染有愛滋病者，校方不准他們申請宿舍，另外安置於附設醫院。有部分的臺大學生贊同校方做法，認為這麼做是保護患者也保護他人；但也有一些學生提出質疑，認為這樣等同於強制公開了他們患者的身分。

　　衛生署則反對這樣的做法，表示和愛滋病患者共同生活起居並不表示會受到感染。

● 師大拒絕復學

時間回到 1987 年，師大學生田啟元在成功嶺體檢時被檢驗出愛滋病，被媒體公開報導因而休學。隔年，田啟元向師大申請復學卻被拒絕 —— 即使當時科學已證實「日常生活行為」並不會感染愛滋病。

衛生署也介入這起事件，要求師大重視學生就學權益，但師大仍表示必須先了解田啟元是否因「行為不檢」而感染，田啟元後來也因為被誤解和恐懼，到處都找不到住處和工讀機會。

● 千萬不要無知

早期醫學針對「同性戀者」作愛滋病研究，人們經常將「男同性戀」和「愛滋病患者」相互連結。而臺灣早期的防疫工作，也將同性戀視為愛滋病的「高風險群」，雖然是當時資訊缺乏、國家基於公衛的考量，但也導致人民對愛滋病有所誤解，以及污名化同性戀。

其實，感染愛滋病有一定的難度，只有「不安全性行為」、「共用針頭或體液交換」以及「母子垂直感染」等情形下才會感染，一般日常互動幾乎很難感染，以一般人來說，只要有安全性行為，基本上都不會感染。更不用說，現在已經有藥物能夠大幅降低患者體內的病毒量，定期服藥的患者，其實與一般人沒有什麼不同。

突然，就死了
一個海軍上校

2002

20

三月

尹清楓命案，
海軍史上最大醜聞

2002 年 3 月 20 日，
監察院完成「中華民國向法國採購拉法葉軍艦弊案」調查報告。
也連帶地讓人民想起，
那件動搖國本也要辦到底的「尹清楓命案」。

● 什麼是「拉法葉軍購案」？

　　1990 年代，當時臺灣軍購受到 1982 美中《817 公報》的影響，美國對臺軍售的質與量都受到限制，因此臺灣開始尋求向美國以外的國家購買武器。後來，海軍決定向法國採購「拉法葉艦」。

　　1989 年到 1991 年間，中華民國終於和法國政府成功簽訂關於「拉法葉軍艦」的買賣，但很不幸地，在過去資訊不公開透明的時代裡，政府高官抓到機會就想貪一把，因而引發了後續一連串有關收受傭金的弊案。

● 尹清楓是誰？他跟中華民國海軍又有什麼關係？

海軍上校尹清楓，1949 年隨著中華民國政府前來臺灣，遇害前在執行軍艦採購業務，包含拉法葉軍艦和另外其他軍艦的採買，涉及大約新臺幣 1,152 億左右。

1993 年尹清楓接到一通神祕的電話，前往內湖來來豆漿店後就離奇死亡，遺體在宜蘭東澳外海被發現。

臺灣社會普遍相信尹清楓上校的死亡，是一個巨大的陰謀。

有人認為，尹清楓上校涉及拉法葉艦的採購業務，背後牽扯著龐大的利益，尹上校疑似擋人財路而死；但也有人認為尹清楓 1993 年中才被調到海軍司令部武器系統獲得管理室，1993 年才底遇害，此時臺法雙方早已完成簽訂軍艦買賣的契約，尹上校不可能介入，更不可能搜集證據了。

各種主張這些年來未曾斷過，2000 年陳水扁總統甚至揚言不惜「動搖國本」也要查辦到底。但是隨著時光飄逝，「真實」的面貌愈發模糊，或許我們永遠無法找出答案。

● 真相在哪裡？

2000 年的今天，由監察委員康寧祥等人調查國軍採購拉法葉案報告出爐，初步認為本案是尹清楓命案發生可能的主要因素，並要求國防部到監察院給個交代。

監察院在我國的憲法當中，具有一定程度的「調查權」，所以希望監察院可以扮演一個關鍵的角色，來解決這個受到大家關注的命案。20 多年過去了，案子尚未偵破，也因此尹清楓命案與「彭婉如命案」、「劉邦友血案」並列臺灣的三大懸案。

或許我們都知道真相，或許我們永遠不會知道真相。

李登輝接見
野百合學運
學生代表

1990

三月

21

要求國會改革，
向萬年民代說不

1990 年 3 月 21 日，「野百合學運」第 6 天，
李登輝總統接見學運的學生代表。

● 野百合運動是什麼？

　　1987 年臺灣解嚴，但是政治並非就此完全開放。1947 年在中國選出的第一屆「國民大會代表」、「立法委員」與「監察委員」，中華民國政府在 1949 年逃來臺灣後就從未改選。但因為中華民國憲法的關係，規定這些民意代表必須由「真中華民國」領域之選民選出來，因此中華民國退到臺灣後，按照憲法的規定，這些民意代表不能由「臺灣地區」的人民來選，所以就一直當下去，經過四十幾年都沒有改選。

　　因為這樣的爭議，導致後來透過「增額代表」的方式來處理，且有定期改選。但是由於當時國民黨內部爆發「主流派」與「非主流派」

的「二月政爭」，國民大會修正《動員戡亂時期臨時條款》，將 1986 年選出來的增額代表延長任期。

　　40 年沒改選的資深民代、加上自己增加任期的增額國大代表，如此荒謬的國會，在 1990 年 3 月 16 日，9 位臺灣大學學生到自由廣場（當時的中正紀念堂）前靜坐抗議，並且拉出白布條，為野白合學運開了第一槍。

　　3 月 18 日，在學運團體的校際會議上，也提出了四大訴求：

① 解散國民大會
② 廢除《動員戡亂時期臨時條款》
③ 召開國是會議
④ 提出民主改革時間表

● 後來呢？

　　當時的總統李登輝，為了回應學生的訴求，決定召開國是會議。1991 年國民大會廢除《動員戡亂時期臨時條款》，再加上同年七月大法官在釋字 261 號解釋表示，資深中央民意代表應該在 1991 年 12 月 31 日終止行使職權，也讓 40 年沒有改選的「第一屆中央民意代表」，畫下休止符。

　　這也使得臺灣的民意代表，慢慢走向真正的民主時代。

我是中華？
還是臺灣？

1981
三月
23

中華奧會簽訂
《洛桑協議》

1981年3月23日，
「中華奧林匹克委員會」與「國際奧林匹克委員會」簽訂
《洛桑協議》，讓臺灣以「中華臺北」的名義重返國際奧會，
並和其他國家的奧會有相同的待遇和權利。

● 什麼是洛桑協議？奧會模式又是什麼？

　　1949年中國共產黨擊敗國民黨政府，建立中華人民共和國。在此之後，關於「中華民國政府能不能繼續代表全中國」的爭議，儼然成為兩個中國政府的新戰場。

　　1952年赫爾辛基奧運，中國代表權的問題浮上檯面，當時國際奧會同意讓兩個中國一起參賽，但中華民國政府基於「漢賊不兩立」而退賽。有趣的是，中華人民共和國代表團因為遲到的關係，只參加

了一項男子游泳競賽和閉幕式。

1971年「中華人民共和國政府」取代「中華民國政府」在聯合國的「中國」席次之後，中華民國也在其他場域的「中國代表權之爭」失利。1972年慕尼黑奧運，最後一次以「中華民國」的名義參賽後，1976年、1980年都無法參加奧運。

1981年，簽署《洛桑協議》，內容確認了「中國奧會」與「中華奧會」的名稱、會旗、會徽，使「中華奧會」得以和其它國家的奧林匹克委員會擁有相等權利，參與各項國際運動。其中「中華民國奧會」改為「中華臺北奧會」，並將會旗改為「梅花內含五環標誌」，會歌則使用中華民國國旗歌。

之後，中華民國政府運用類似模式，參與其他國際組織或會議，當中華人民共和國派代表團時，中華民國的代表隊只能以「中華臺北」的名義參加，而不能使用中華民國國旗，這種參與方式也被稱為「奧會模式」。

● 東奧正名公投闖關失敗，多數民眾反對以臺灣名義出賽

2018年全國性公投，「中華奧會」宣稱公投第13案「你是否同意，以『臺灣』（Taiwan）為全名申請參加所有國際運動賽事及2020年東京奧運？」可能會使臺灣日後無法參賽。然而，本案公投最詭異的是，五場公投意見發表會的辯論中，竟然都沒有反方代表出現，讓人民失去了對「東奧正名公投案」了解的機會，也失去民主國家最重要的意見溝通、理性辯論功能。

而最後臺灣人民選擇否定「臺灣」這個名稱，繼續使用「中華臺北」。

占領行政院，
警方血腥鎮壓

2014

三月

24

這個鎮壓，
國家要賠償

2014年的3月24日凌晨，
警方對占領行政院的人民展開驅離，
釀成流血衝突，百餘人受傷。

● 警察的界限到哪裡？

　　警方為了驅離占領行政院的群眾，以警棍、盾牌等毆打手無寸鐵的民眾，影片在網路上大肆流傳，引發執法過當的質疑，但警方表示當天都有依照相關規定使用「警械」。

　　集會遊行在本質上，本來就會影響社會的運作秩序，也可能會引起相異立場者的衝突，警察為了維持社會秩序，在集會遊行中的角色可以說是不可或缺的。但警察執行職務時也必須要遵守法律規定，並

審慎判斷何時才能使用警械，才不會讓自己做出錯誤的決定，更傷害到人民的生命與健康。

● 國家需要賠償

根據《警械使用條例》，警察在使用警械時，如果不是急迫情況，應該避免傷害到其他人或是攻擊致命的部位。如果有違反《警械使用條例》的情況而造成民眾傷亡，或是波及到無辜的第三人，民眾可以要求國賠，政府要負起責任。此外，使用警械時，客觀上要有存在使用警械的「情事」，而且這種情事當下正在「持續」中，最重要的是，要有理由來證明當時有使用警械的「必要」，也就是符合「比例原則」。例如：A 拿著西瓜刀在大街上揮舞，這時候警察為了避免 A 拿著刀滋事，可以用警棍等武器來維持秩序。

簡單來說，警察的行為必須要依照不同的情況來判斷，面對「真」的暴力，或是面對和平抗議，使用的手段需要有所不同。當時其中一名傷者 —— 國中老師林明慧，就認為警方執法過當而起訴請求損害賠償，法院認為警方很明顯地並未依照《警械使用條例》，因而判臺北市政府必須賠償 30 萬元。

2019 年，臺北地方法院一審宣判，警方執法過當，臺北市警局必須負起國賠責任，判賠一百多萬元。

這也告訴我們，國家行使公權力，無論如何都要遵守比例原則。

賣食品，
不要亂誇大

2016
三月
25
頂新案
一審宣判

2016 年 3 月 25 日，「味全混油案」一審宣判，
前董事長魏應充被依「詐欺罪」判刑 4 年，
味全公司也因違反《食品衛生管理法》，被罰 1,550 萬元。

● **法院什麼原因判決有罪？**

　　味全公司為了降低生產成本，將 13 款油品中的「黃豆油」成分，
以價格較低的「棕櫚油」取代，並把原本配方中的「棕櫚油」比例提高，
其中「飽和」棕櫚油高達約 98%，但進口「葡萄籽油」和「橄欖油」占
比卻只有 1%。

　　棕櫚油因為含有較高比例的「飽和脂肪酸」，相對較不健康，消
費者通常會盡量少購買。魏應充等人卻在商品外包裝載明：「含有高

單元『不飽和』棕櫚果實油、精緻黃豆油、葡萄籽油調合而成」等字樣。法官認為，油品種類是消費者採購時會參考的「重要資訊」，而魏應充等人使用誇大的標示內容，使消費者容易誤以為調合油內具有相當比例的「橄欖油」及「葡萄籽油」卻不知道主要成分其實是「棕櫚油」，有以不實商品欺騙消費者的「詐欺意圖」，構成「虛偽標記」及「詐欺取財罪」。

● **商品標示不實，廠商會被懲罰嗎？**

《食品衛生管理法》、《公平交易法》及《消費者保護法》上都有類似的規定，規範廠商在一般食品廣告中，如果有「不實誇大」，且可能使「消費者容易誤解品質或效能等」的標示時，就有可能會被處以行政罰鍰。

此外，在消保法中也規定如果廠商對於不實標記有「過失」，讓消費者受到損害時，除了「原損害額」外，最多可另外要求三倍的「懲罰性賠償」。以前許多食品廣告會強調其治療功能，陸續遭到處罰後，現在已不常見食品廣告強調其療效了。

隨著一些悲劇的事情發生，法制還是一點一點地往前進。

全世界被關最久的死刑犯暫時出獄

2014

三月

27

冤獄 48 年，
袴田巖走出拘留所

2014 年 3 月 27 日，
全世界被關押最久的死刑犯袴田巖，走出拘留所。

● 你能想像被關在牢獄裡長達 48 年的日子嗎？

　　1966 年，日本靜岡縣橋本藤雄一家人慘遭殺害。後來，在被害人工廠中擔任工人的袴田巖，被警方以強盜殺人等罪名逮補，只因在他家中搜出一件「沾血睡衣」。

　　警方當時以睡衣上的血液與受害人血液相符，又沾有相同成分的汽油、一把鈍刀視為犯罪鐵證。但血液再次檢驗時因為血量太稀少，根本測不出來血型，而袴田巖的自白不僅充滿矛盾 —— 也不排除是遭

受一天平均 12 小時、連續 20 天左右的疲勞訊問得到的。

　　儘管證據破綻百出，法院還是依強盜殺人罪，判處袴田巖死刑。

● 99.9% 的代價

　　日本刑事案件裡，檢察官起訴的案件，在法院有 99.9% 的定罪率，也就是只有 0.1% 的案件會被法院宣告無罪 —— 這代表著當袴田巖被檢察官起訴時，註定被判決有罪的命運。

　　99.9% 其實也代表著日本檢察官辦案的嚴謹，只有「幾乎可以確定有罪」的案件才會被起訴，而有疑慮的案件，檢察官有可能會以其他名義處理掉，也因此才能有接近百分之百的定罪率。

● 冤案還沒結束

　　2014 年，因為 DNA 鑑定的結果顯示兇手可能是其他人，靜岡地方裁判所裁定開始再審，並釋放袴田巖。不過，東京高等裁判所卻認為鑑定結果並不可信而駁回再審，但維持了釋放袴田巖的決定。如今高齡 82 歲的袴田巖還沒得到清白，他的時間卻剩下不多了。

　　回到臺灣，被判決死刑定讞的邱和順在 1988 年被羈押到現在超過 30 年，雖然有遭到刑求、重要證據消失等爭議，然而全案定讞後，無論是再審、非常上訴等都遭到法院駁回。這表示著，邱和順隨時會被槍決 —— 縱使案件有許多瑕疵而可能翻盤。

抽菸、喝酒錯了嗎？

2000

三月

28

以健康之名，
三讀通過菸酒稅法

2000 年 3 月 28 日，立法院三讀通過菸酒稅法，
菸酒價格大幅上升。

● 什麼是菸酒稅？

　　日治時期起，菸酒在臺灣就一直是政府專賣，直到我們加入世界貿易組織，為了符合世界貿易自由化、國際化與消除貿易壁壘障礙等原則，立法院於 2000 年的今天通過菸酒稅法案。

　　顧名思義，菸酒稅就是國內在生產菸酒，以及國外進口菸酒時要課稅。行政院的草案說明提到，菸酒與一般商品不同，應該重視其對人體所造成的影響，世界各國對於菸酒產銷管理都比一般商品嚴格，

消費稅也比一般商品還高。除此之外，立法院通過法案的說明也提到，因為吸菸有害人體，為呼應社會禁菸公益團體之多次陳情反應，特於菸酒稅法中增訂對菸品另行加徵健康福利捐，這就是俗稱的「菸捐」。

● 菸酒稅有什麼影響？有用嗎？

課徵菸酒稅代表我們買酒買菸都會變貴，政府也希望藉由這種作法，讓各位癮君子們能夠減少使用。有研究指出這種作法真的有用，但菸捐的做法其實受到許多質疑。

首先，菸捐是一種「特別公課」也就是對特定人民課的稅，目的應該是要回饋在這個族群上。以菸捐為例，既然對癮君子們課稅，那這筆錢就應該用在他們身上，但目前菸捐的用途中，有大部分是用在健保的安全準備，只有極少部分是應用在菸害防制。

要說菸害會造成疾病，因此把菸捐的錢應用在健保安全準備還有道理，目前問題只是比例失衡；但現在菸捐還有另一個問題，此用途甚至擴張到長照的經費中。雖然長照的確很重要，但是把菸捐的錢拿來作他用，有人便批評這樣會導致抽菸救長照，本來要讓吸菸者戒除菸癮的誘導作用大幅減弱。

● 菸酒稅有什麼意義？

菸酒稅及菸捐，是政府為了「人民健康」而插手到自由市場的政策，這樣的手段是否合理、能否達成目的都需要一再檢視。當我們認為政府為了某個目的 —— 比如促進健康，可以不擇手段，那麼政府或許改天就會以其他目的，再度擴張權力。

期望讀者未來看到這類的事情發生時，都能想想在一個民主法治的國家中，冷靜思考政府的行為是否是我們期待的樣子。而不是只是說出「為了我們好」這樣廉價的用語。

影視歸影視，
政治歸政治嗎？

2016

29

三月

愛奇藝
臺灣站上線

2016 年 3 月 29 日，愛奇藝臺灣站正式上線，
卻在 2019 年傳出可能違法的消息。

● **愛奇藝是什麼？愛奇藝可能違反什麼法？**

　　愛奇藝是中國的影音串流服務業者，簡稱「OTT」，透過網際
網路技術向用戶提供影視服務，而臺灣可以使用的 OTT 很多，比如
Netflix、Amazon Prime Video 等。2016 年，愛奇藝在臺灣開站，透
過臺灣代理商「歐銻銻」代為經銷。

　　原本愛奇藝想要以其他名義在臺設立子公司，但是被投審會認定
是禁止中資的「影視內容服務業」，且中國也未對等開放臺灣影視內
容進入，因此決議駁回投資申請。2019 年，陸委會表示，依照《臺灣
地區與大陸地區人民關係條例》的規定，OTT 並非開放中資來臺的項

目，臺灣業者不能代為從事相關業務。經濟部正在調查，若有違反，愛奇藝將被下架。

其實愛奇藝要在臺灣開站時，就有許多立委質疑文化部、NCC 無法可管，後來中國騰訊傳出要以「愛奇藝模式」來臺，爭論再起，顯示窘境依然。

● **媒體政策有缺漏嗎？**

「我希望臺灣不要被政治綁架，我希望影視發展能回歸初衷，臺灣是很可愛的，因為臺灣擁有多元開放的文化、風土民情。」愛奇藝開站時，臺灣站總經理楊鳴如是說。戲劇不會被「內容審查」，是自由的國家才能擁有的，總經理一番話可見他的嚮往。

但「影視歸影視、政治歸政治」是句幹話 —— 政治總是觸碰你我身邊每個議題，影視方面也是如此。就算文化再開放，仍有些問題必須考慮，比如陸委會宣稱，根據情資，中國國家新聞出版廣電總局下達戰略指示，要求中國 OTT 業者積極對外輸出，而第一站就是臺灣。

面對不放棄武力統一臺灣的國家，他們的文化輸出勢必要謹慎，而如果不立法管制境外 OTT 業者，也可能會讓本國業者才剛起步就被打垮。

● **我們該怎麼辦？**

自由市場固然有優點，但當市場中的龐然大物想要進家門，自己卻是一隻小蝦米時，除了高喊自由外，更該想想怎麼保護自己，不要被吃掉了才後悔莫及。

回到 OTT 政策上，就算今日擋得了一家，仍需面對其他境外業者無法可管的現狀，透過個案處理對於整體環境並不健康，更可能讓業者無所適從，所以如何盡早推出治理對策，才是我們更該重視的議題。

如果我罵政府，
就會被消失？

2017

三月

31

李明哲
因為網路言論，
而被失蹤

2017年3月31日，李明哲的太太李淨瑜發布新聞稿，
決定前去中國營救自己的先生。

● 李明哲做了什麼被中國抓走？

　　李明哲是一位人權工作者，關注中國的人權狀況與民主制度，會在 QQ、臉書和微信等社群網路平台，向中國友人分享臺灣白色恐怖的歷史與轉型正義經驗，也會贈書和捐款給中國維權人士。因此中國認為「李明哲通過社群網路平台，大規模毀謗攻擊中國政府和國家社會制度，煽動他人顛覆國家政權」，然後李明哲就被失蹤了。

　　李明哲的妻子李淨瑜也公開，李明哲在獄中吃餿水、受虐待，以及沒有原因地移監，也因如此李淨瑜被多次拒絕探監。雖然事發至今聯合國、國際組織及公民團體皆聲援釋放李明哲，但中國並未回應。

而後李淨瑜在美國在臺協會的安排下，與美國宗教自由無任所大使布朗巴克會面，布朗巴克表示，美國政府高度關心此事，「如果中國沒有任何回應，將會考慮採取進一步動作。」但中國究竟會不會有所動作，我們不知道。

　　最後國臺辦表示其涉嫌「從事危害國家安全活動」而被拘留。其後在同年 11 月底被判處有期徒刑 5 年入獄，成為第一個以「顛覆國家政權罪」入獄的臺灣人。

● 小心被河蟹？

　　你敢想像有一個臺灣人，因為在社群平台的言論被逮補並判刑嗎？在臺灣因為有法律的保障，如果警察逮補你，會告訴你應有的權利，暫時拘束也不會超過 24 小時，就算超過，也需要開羈押庭，交由法官來決定，你也可以請律師幫你打羈押庭，總總的法制都可以確保一件事，就是你不會平白無故地消失。

　　李明哲在一個充滿瑕疵的刑事訴訟下入獄，無法與律師及家人聯繫，但其實他跟你在做的事差不多，就是在網路上批評政府，只是因為他是中國人權工作者，所以惹到中國。

　　然而關注李明哲的意義，不僅僅只是關注一個臺灣人而已，而是關注言論自由以及民主自由，也是守護過去爭取與維護來的人權，因為沒有他們就沒有我們現在能說的話、寫的文章，更可能因為被失蹤，而沒有你。

APRIL

四月

啊！
自由，真香

如果我想死，
為什麼不行？

2002

四月

1

荷蘭成為第一個
安樂死合法化的國家

2002 年 4 月 1 日，
荷蘭成為世界上第一個安樂死合法化的國家。

● 我可不可以想死？

　　荷蘭成為全世界第一個通過安樂死的國家，但對於想要申請安樂死的條件設定極為嚴格。其中一個條件是，申請人目前必須有「無法忍受」、且目前沒有任何方法改善的病痛；另外，也需要經過醫師的審核。

　　根據荷蘭皇家醫學協會的資料，2010 至 2015 年間，荷蘭國內每年約 14 萬人死亡，安樂死的病患只占總死亡人數的 2.9%。

　　然而，最近的資料顯示，愈來愈多人申請安樂死之後「後悔」——根據調查，事先要求安樂死結束生命的成年病患中，大約 1/8 的人最

後決定不進行安樂死；所有要求安樂死的個案，最後只有 44% 執行。

　　目前許多臺灣人也在為了安樂死合法化奔走，安樂死確實可以讓人「有尊嚴地走」。但是，英國在研究評估安樂死合法化時，有學者根據荷蘭的經驗而認為不應該開放。理由是荷蘭進行安樂死的人數逐漸升高，擔心一旦開放會導致國家問題。

● 「協助自殺」和「安樂死」不一樣？

　　2018 年 6 月，臺灣的知名電視主播傅達仁先生，決定前往瑞士協助自殺組織「尊嚴」，尋求有尊嚴地結束生命。事實上，傅達仁生前飽受胰臟癌折騰，甚至到了癌症末期，未注射嗎啡時便會疼痛難耐；但如果不小心喝了太多嗎啡，就連站著都會睡著。

　　不過，傅達仁先生前往瑞士尋求的是「協助自殺」，並不是「安樂死」。

　　安樂死，是指醫師與病人間達成一致的意願，同意進行由醫師「主動」注射藥物等方式結束病人的生命。

　　至於協助自殺，雖然也能達成與安樂死相同的目的，但親手結束病人生命的人不是醫師，而是「病人自己」。由於安樂死在瑞士尚未合法，而「協助自殺」只提供相關藥劑或諮詢，與安樂死仍有差異，瑞士的法律因而允許協助自殺的存在。

　　無論是協助自殺還是安樂死，其實爭議的核心皆源自於我們如何看待「生命」的尊嚴，或許我們也到了一個重新詮釋生命意義的時代了。

小孩，
真的需要
特別保護嗎？

1932

四月

4

從小過了那麼多
兒童節，你知道
兒童節的意義嗎

1932年4月4日，
因為前一年孔祥熙透過「中華慈幼協濟會」提議獲准，
所以1932年的今天成為中華民國第一屆的兒童節。
後來行政院在節日實施辦法中將這天訂為兒童節。

● 兒童節怎麼來的？

　　兒童節是保障兒童權利、反對虐殺和毒害兒童的節日。最早在
1925年瑞士日內瓦的兒童福利國際會議上，提出「兒童節」這個概念。
1954年聯合國教科文組織將11月20日訂為世界兒童節（The Universal
Children's Day）。隨後各國也制定了自己的兒童節，例如日本和韓國的
兒童節在每年的5月5日。

　　1931年的中國，孔祥熙透過他所發起的中華慈幼協濟會，提議

將 4 月 4 日定為兒童節。而行政院也在《紀念日及節日實施辦法》中明文規定 4 月 4 日為兒童節；之後，學校及各相關單位便陸續舉行慶祝活動。過去曾被日本統治下的臺灣，在當時自然不會在 4 月 4 日過兒童節。不過隨著中華民國政府來到臺灣，相關規定也被帶進來，因此 4 月 4 日也就成為中華民國的兒童節。

國際法上，《兒童權利公約》是第一個具法律約束力以保障兒童權利的國際公約，共 196 個締約國加入簽署，各締約國皆有義務制定合乎兒童最大利益的所有行動和政策。

臺灣也透過制定《兒童權利公約施行法》的方式，讓公約內容在國內施行。另外政府亦制定《兒童及少年福利與權益保障法》，使兒童的權利除公約所規定的內容外，能受到法律更明確的保障。

● **法律要如何保護兒童？**

保護兒童的法律最常聽到的就是《兒童及少年福利與權益保障法》。但「兒少法」究竟要怎麼樣來保護兒童？

例如，如果社工懷疑有虐童情事而遭父母拒絕家訪時，可請警察派員強制進入；且建立「狼師、惡保母」的資料庫，被解僱的教師及保母無法再次於相同體系任職；另外為達嚇阻，針對販賣、提供菸酒、檳榔或毒品給兒少等不當行為，新法也提高了罰鍰上限，行為過當者並得公布其姓名或名稱。

簡單來說，為真正落實保護兒童，在法律中「一般人」對「兒童」的不當行為，處罰及規範密度都會適當的提高。

每位大人都曾是兒童，幼稚過、脆弱過，也曾迷茫過。只希望在無助時，國家可以透過制定法律，讓幼小的人可以有一個節點作為支撐，順利長大。

軍警可以闖入大學抓人？

四六事件爆發，
自此白色恐怖的
黨國陰魂籠罩全臺

1949 年 4 月 6 日，
「四六事件」中的大逮捕行動開始，
警備司令部逮捕省立師範學院（現在的臺師大）、
臺大兩校合計超過 300 名學生。

● 警察可以闖入學校抓人嗎？

　　「四六事件」導火線是是在 1949 年 3 月 20 日，臺大與師院兩名學生因單車雙載被警察拘捕，導致兩校學生至警局抗議，並將兩名警察帶回宿舍。之後警察總局長道歉並釋放學生，事情方告一段落。

　　受到勝利事件鼓舞，3 月 29 日臺大、師院等大學生，組成臺灣學生聯盟和臺北市大中學校學生聯合會，以「結束內戰，和平救國」、「反飢餓，反迫害」為訴求，號召全臺學生聯結，頗有呼應中國各大學生

運動之勢。

而後陳誠自南京返臺，深感國民黨已失勢，臺灣必須安定，於是在 4 月 5 日召集相關人士，其中包含傅斯年等人討論策略。會中傅斯年在陳誠建議下與其達成共識，要安定臺灣必須處理共諜，且校園是共諜大本營，更在肅清之列，只是傅斯年有三個條件：要快做、徹底做、不能流血。

但就在 4 月 6 日清晨，警備司令部即以「張貼標語，散發傳單，煽惑人心，擾亂秩序，妨害治安，甚至搗毀公署、私擅拘禁執行公務之人員」為由鎮壓、搜捕臺大及師院學生。因在師院男生第一宿舍遭到學生抵抗，軍警拘捕師院學生三百餘名；臺大則是由校方職員指認名單上學生，軍警拘捕學生 20 餘名，這就是「四六事件」。

● **後來有學生被殺？**

逮捕行動過後，陳誠開始整肅校風。臺灣省政府改派劉真為師院代理院長，並成立整頓學風委員會。當時師院全部停課，學生須經過委員會開會通過，才能重新登記，經過此事師院共有 30 餘名學生被開除學籍。

臺大則因屬國立大學，不受臺灣省政府管轄，受到波及較小。當時也在傅斯年以及臺大學生組織之「四六事件營救委員會」要求下，

警備司令部釋放非事前排定名單上之學生，並將名單內學生盡速移送法院。

逮捕過後陳誠對外發表聲明，表示這次行動是因學生「迭次張貼破壞社會秩序之標語，散布鼓動風潮之傳單，甚至搗毀官署，私擅拘禁公務人員」，為了維持公共治安，保障大多數純潔青年學生，不得不的行為。從此聲明對照當時國民黨在內戰的困局，可以看到當時對共產勢力從校園崛起的恐懼，也因此讓行動推向極端，波及許多無辜學生。

自此政府對校園之管制轉趨嚴格，校園不斷有人遭警備司令部逮捕，甚至有一些學生及老師遭到槍決。隔月，也就是 5 月 19 日，政府發布《戒嚴令》，白色恐怖時代正式開始，批評政府或者左傾者皆會被政府整肅，因此一般認為四六事件是白色恐怖之濫觴。

● 四六事件帶給我們什麼？

2000 年政府修正公布《戒嚴時期不當叛亂暨匪諜審判案件補償條例》，對四六事件受難者依法給予補償，更在隔年教育部長代表政府向受難學生及其家屬致歉，聲明該事件與共產黨的滲透顛覆無關，而是基於社會正義的訴求，四六事件受難者才終於得到來自官方的平反。

雖然是遲來的平反，但也象徵了一個國家對於歷史錯誤的反省，我們才有前進的可能。

● 四六事件的反思

曾經是五四運動健將、自由主義學者的傅斯年，為何會在四六事件中，扮演協助政府整肅學生的愛國主義者？因為人或許沒有那麼完美，可以一生堅定信念，而你的生命歷程、身處的歷史背景，都可能讓你做出與以往截然不同的選擇。生在當代，願意並能夠閱讀歷史事件的我們，更應該理解人的多變複雜，才能盡可能靠近真實的歷史，也才不會再被去脈絡的造神風向影響。

在當時恐共的氛圍下，本是自由主義信奉者的傅斯年，在四六事件中，扮演協助政府整肅學生的愛國主義者；許多無辜的學生也因反共行動而中斷學業，有些甚至喪失性命。我們信奉的自由理念，在不到百年前還非常的脆弱，那種狂熱加上極權政府的陰影仍有可能再度襲來。

生在當代，願意並能夠閱讀歷史事件的我們，更應該從歷史中學到教訓，避免極權思想悄悄地腐蝕這仍需眾人全力扶持的民主成果。

為了
追求言論自由，
犧牲生命

1989

四月

7

鄭南榕，
拒絕拘提而自焚

1989年4月7日，鄭南榕因主張臺灣獨立受到法院傳喚。
但鄭拒絕出庭，並且將自己關在雜誌社內對抗政府拘提，
直到警方發動攻堅行動，鄭南榕在屋內點燃汽油以死明志。

● 追求自由的殉道者

　　鄭南榕認為：「如果臺灣一直依循著中國五千多年來的歷史發展，
那我們不可能衍生出自由民主的社會，所以臺灣應該獨立，我們必須
留住這項寶貴的價值。」、「臺灣獨立的主張也是《中華民國憲法》保
障人民言論自由的一部分。」

　　在動員戡亂時期，鄭南榕與朋友一同創辦了雜誌《自由時代》，
雜誌內容主要在批評時政，並嘗試打破在臺灣解嚴前，被政府強加的
束縛。後來，鄭南榕也多次舉辦民主化改革的相關活動。

● 比死亡更重的，是自由

1987 年，蔣經國政府宣布解除戒嚴。但是《動員戡亂時期臨時條款》、《懲治叛亂條例》等惡法，並沒有隨著解嚴一起消失，仍鉗住每個臺灣人的喉嚨，無法自由地講話。1988 年，鄭南榕將許世楷版本的《臺灣共和國憲法草案》，刊登在《自由時代》上，政府因此認為該雜誌主張「分裂國土」所以查禁。而鄭南榕收到傳票，被高檢署以涉嫌叛亂進行偵查。

當時的政府認為鄭南榕、許世楷公開《臺灣共和國憲法草案》，就是「意圖變更國憲」，依照《懲治叛亂條例》「二條一」，是唯一死刑。鄭南榕被指控叛亂，但他認為，這只是在行使憲法第 11 條所保障的「言論自由」，但顯然國民黨政府不這麼認為。所以他留下了一句名言：「國民黨不能逮捕到我，只能夠抓到我的屍體。」

1989 年，鄭南榕因拒絕出庭應訊，宣布「自囚」於《自由時代週刊》雜誌社內，並準備汽油。4 月 7 日，時任的中山分局刑事組長侯友宜，拿著檢方簽發的拘票，「奉命行事」率領警方前往拘提。最後鄭南榕點了汽油自焚死亡，享年 41 歲。

● 言論自由，得來不易

2016 年，行政院將鄭南榕逝世的 4 月 7 日，定為「言論自由日」，以紀念他為自由權所犧牲的精神。不論你是支持臺灣獨立或是認為維持現狀也很好，我們都應該要在乎的是「言論自由背後隱藏的價值」——人人皆有權利說出你相信的事，雖然不一定能為大眾所接納。

在批評臺灣政治現況有多爛的同時，我們是否也該回頭看看我們已擁有多少。在擁有言論自由的今天，也應該要看看是否有人正在利用我們的自由，破壞我們的自由。

政治人物真的
生來欠罵嗎？

2017
四月
11

周玉蔻誹謗馬英九，
背刑責還要賠錢

2017 年 4 月 11 日，高等法院宣判：
周玉蔻犯誹謗罪，拘役 50 天，得易科罰金 5 萬元。

● 刑事拘役 50 天，周玉蔻誹謗馬英九

　　「他，馬英九，『疑似』收受頂新魏家高達 2 億元的非法政治獻
金。」

　　因為這句話，資深媒體人周玉蔻吃上「誹謗」官司。馬英九告上
法院，臺北地院一審認為，周玉蔻並非惡意攻擊馬英九，判決無罪。
但是到了二審，高等法院認為周玉蔻成立誹謗罪，判決拘役 50 天，
得易科罰金 5 萬元。

　　周玉蔻堅稱，她這句話是「善意且合理地公開評論具有公益性的
政治議題」，而不是馬英九認為的「惡意抹黑」，同時周玉蔻也自稱，

她批評政論前，曾向《美麗島電子報》總編輯吳子嘉、國安會前副祕書長張榮豐等人查證，所以不是空口說白話。而馬英九則主張，周玉蔻告發他後的 1 年內，其靠著不斷詆毀自己的人格，賺到了超過 100 萬的節目通告費。

最後，高等法院認為周玉蔻的查證過程有瑕疵，她的評論出於「個人意見與主觀臆測，過度信賴自己的判斷」，並未盡做出適當的採信，所以是「誹謗」。

而民事方面，周玉蔻須賠馬英九 180 萬元，並在四大報頭版登報道歉 1 天。

● 誹謗罪 vs. 公然侮辱罪

在法律上，除了刑法第 310 條誹謗罪之外，還有刑法第 309 條公然侮辱罪。這兩條罪常常被搞混，但實際上這兩條的適用情況不同。

誹謗罪主要針對「具體的事實」，也就是述說的內容可能具有真實性，進而影響到他人的名譽。例如隨便說別人偷手機，「偷手機」這件事可能真真假假，就會有誹謗的問題。

而公然侮辱罪，則是抽象的謾罵。例如你說別人「醜得跟豬一樣」，但大家都知道人不是豬，不是一個「可能存在」的事實，這時候就會成立公然侮辱。

回到周玉蔻的案子，因為周玉蔻不斷以「馬英九疑似收受非法政治獻金」作為理由攻擊馬英九，而這時候就會產生「馬英九本人到底有沒有收受獻金」的問題，所以會成立「誹謗罪」。

如果你
被國家偷走
16 年的人生

2016
四月
12

死刑定讞十年後，
鄭性澤第一次出庭
為自己辯白

2016 年 4 月 12 日，「十三姨 KTV 殺人案」被告鄭性澤，
在死刑定讞十幾年後，第一次為自己出庭辯白。
這天，是他失去自由的第 5,210 天。

● 鄭性澤開槍殺警？

　　2002 年，鄭性澤與羅武雄等人在臺中「十三姨 KTV」唱歌，其中羅武雄帶有手槍，有幾把給鄭性澤保管。後來羅武雄對著天花板開槍，KTV 服務人員於是報警。警察趕到現場後，一名員警蘇憲丕衝入包廂，雙方人馬爆發槍戰，而羅武雄與蘇憲丕皆於槍戰中死亡，鄭性澤則被指控涉嫌殺害員警蘇憲丕。

　　案件纏訟多年，2006 年最高法院駁回上訴，鄭性澤死刑定讞。2016 年，高檢署臺中分署向高等法院臺中分院聲請再審，主張鄭性澤應該受到無罪判決，為鄭性澤的平反露出一絲曙光。法院為了審理再審的聲請，傳喚鄭性澤出庭，這是鄭性澤死刑定讞十年後第一次出庭，

也是鄭性澤被羈押的第 5,210 天。

後來法院裁定暫時停止鄭性澤死刑的執行，檢察官於是開立釋票釋放鄭性澤。這一天，是鄭性澤被羈押第 5,233 天，從 33 歲到 48 歲，終於重獲自由。

2017 年 10 月 26 日，高等法院判決鄭性澤無罪，十幾年的冤案終於獲得平反。

● 諸多疑點指向「無罪」的可能

根據刑事訴訟法規定，如果發現確定判決有錯，有兩個機制可以補救，分別是「非常上訴」和「再審」。「非常上訴」是針對「法律適用錯誤」的糾錯機制，也就是法院適用法律有無錯誤，這是為了讓司法可以統一解釋法令，以及保障人權；而「再審」則是針對原判決認定的「事實和證據」有或可能造成重大錯誤的糾錯機制，也就是鄭性澤案的情況。

本案能夠開啟再審是因為法院認定的事實和證據有諸多疑點和瑕疵，像是「案發現場被移動」等問題，擊斃蘇憲丕的子彈、火藥殘留的誤判、屍體和兇槍的擺放等；以及法院最初判決，認為員警蘇憲丕身上的兩槍由不同方位擊發，一槍是由羅武雄方向擊出，另一槍則是從鄭性澤方向，但是再審提出的彈道數據推翻這個說法；「自白任意性」也受到很大的質疑，因為鄭性澤和證人皆主張有遭警「刑求逼供」。

如果經過詳細調查，證據仍然無法證明被告有罪時，就應該做對被告有利的解釋，也就是所謂的「罪疑唯輕原則」。遺憾的是，死刑定讞偷走了鄭性澤 16 年的自由。

● 國家與惡的距離，有多接近？

後來鄭性澤已經出獄，這場冤案也得到平反和賠償。或許你會質疑，也不相信訴訟結果，但我們可以好好思考，一個國家程序不夠穩固，任誰都有可能是被害人。

如果連路過的
權利都沒有

2014 年 4 月 13 日，由於公投盟不滿被驅離立法院前的集會，
發起 411 包圍中正一分局的活動，
白色正義聯盟則發起聲援中正一分局分局長方仰寧的活動，
在自由廣場召開一場音樂會，訴求反暴力民眾抗議警察局，
其中包括王炳忠、藝人熊海玲、白狼張安樂也都到場聲援。

● 發生什麼事讓兩邊大車拼？

　　公投盟長期在立法院周邊申請集會，當時適逢 318 學運退出立法
院，但公投盟仍守在立法院前，中正一分局以公投盟違反集會遊行法
和妨害公務等原因，驅離群眾並爆發衝突。
　　隨後，分局廢止該團體的集會核准，並表示「對於公投盟『日後』
申請的集會不予許可」；由於這是一個很明顯的違憲處分（不能以行政處
分終生剝奪人民集會遊行的權利），於是公投盟號召群眾「路過」中正一分

局,而白色正義聯盟也在隔日召集民眾為警察加油,聲援時任的中正一分局長方仰寧。

● **未經許可的集會遊行「路過」?**
限制某團體永遠沒有集會遊行的資格?

憲法第 14 條規定:「人民有集會和結社的自由」,但是此權利並非愛怎樣就怎樣而影響他人,所以需要「集會遊行法」限制和保障。過去的制度認為集會遊行要主管機關的事前許可,換言之,主管機關對於你的抗議表示不滿,就可以不允許你上街遊行。而經過大法官釋字第 445 和 718 號解釋,認為許可制雖然合憲,但是還是要有區別。

什麼區別?

若事前針對遊行的「形式」進行審查,例如時間、地點或方式等,主管機關可以要求更改;但若是針對「內容」事前審查,也就是集會遊行的「目的」,例如反年改、反服貿,則不可以輕易不許可。

大法官認為,如果主管機關能干涉遊行要表達的內容,就是變相審查人民的思想,是對言論自由的限制,而且可能因為主政者的不同而有不同的標準。所以對遊行的「內容」不可輕易禁止,除非此內容有「明顯而立即的危險」,才能不許可。

來不及申請的,就不用申請?

大法官也指出,如果是「緊急性」和「偶發性」集會遊行 ——前者是指如果不馬上舉行就無法達到遊行目的;後者是因為某些特殊原因群眾自發聚集,也就是沒有發起人的集會遊行,這是不可預見的情況,很難期待負責人在依法 2 日前申請,因此針對上述情況,還是要事先申請,等待主管機關 24 小時內決定。

集會遊行,對於手無寸鐵的人民來說,是一個讓他們展現自我的重要權利。

大家的蛋蛋，
到底怎麼辦？

2016

四月

14

臺北大巨蛋
在誰手中？

2016 年 4 月 14 日，
媒體報導臺北市副市長鄧家基與遠雄董事長趙藤雄，
於前晚祕密會面，雙方達成共識，
大巨蛋問題往解約的方向前進，
但遠雄開出了 370 億天價的賠償金。

● **柯 P 森 77，巨蛋有危機？**

　　臺北文化體育園區，又稱大巨蛋，於 2012 年動工，位在臺北市的信義區松山菸廠的舊址。園區規劃內容包含巨蛋棟、影城棟、商場棟、辦公室棟、旅館、地下室棟等 6 棟建築。原本這是一件令人期待的工程，但是負責建設的遠雄卻因為沒有按照建築圖施工，擅自減少樓梯數目等，讓後來上任的臺北市長柯文哲覺得「大巨蛋是擦屁股的工程」，打算朝解約的方向前進。

　　但是，解約對雙方甚至是國家人民並不是太理想的選項，因此面

對有嚴重公安疑慮的大巨蛋工程，北市府決定先祭出勒令遠雄停工的處分，要遠雄乖乖依法定程序完成審議後，再依新的變更設計圖申請復工。

● 遠雄控告北市府私設刑堂，停工是政治決定？

　　大巨蛋工程的爭議，關鍵就在於施工圖的第 2 次變更設計。

　　第 2 次變更設計圖，北市府核准的內容僅限變更「開放空間景觀」及「整體結構柱位調整」，其他部分仍要按照原先的設計圖繼續施工。後來，北市府發現遠雄自行變更其他施工內容，導致少了 17 座樓梯、多達 79 處未按原圖施工，便依照《建築法》勒令停工，要求遠雄解決影響民眾安全逃生的問題。

　　遠雄對於被勒令停工的處分不服，認為因為柱、樑、牆、樓地板等是一個完整的結構系統，既然北市府已經核准調整柱位，那當然也會影響到其他結構的變更，所以當然無法按原先的圖施工。

　　於是遠雄向法院起訴臺北市政府，希望法院撤銷停工處分。但法院卻認為，如果調整柱位會影響其他結構，當然要再向政府申請核准變更，怎可自行變更設計？將調整柱位作為連帶影響其他結構無法按圖施工的理由，當然不可取。

　　究竟這顆蛋，能否提供市民一個良善的運動環境，全臺灣的人民都在看。

奢侈稅
可以打房嗎？

2011

四月

15

國家窮到
要劫富濟貧？

2011年4月15日，
立法院三讀通過奢侈稅法案，對炒房宣戰。

● **為什麼要課徵奢侈稅？**

　　臺灣的房價因為投資或炒作不合理得翻漲，很快地導致人民的收入追不上房價的增加。而造成房價高升的投資客，往往屬於「收入高且財富多的族群」，卻因為在短期內進行土地及房屋交易的稅負並不高，繳不到多少稅，引起相當大的民怨，因此2011年立法院通過奢侈稅法案。

　　奢侈稅只是一種「消費稅」的俗稱，是政府針對「奢侈品」的消費行為加以課徵的稅，實際名稱是《特種貨物及勞務稅條例》，主要目的是藉由課稅，減少短期投機炒作，同時也讓有錢的人多繳一點稅，進而達到「財富重分配」的目的，維持社會的公平。

● 奢侈稅真的有用嗎？

奢侈稅施行以後，短期內買賣房屋的數量確實減少了，整體房價也大致維持穩定。法案施行滿兩年之後，許多投資客又投入房地產買賣，房屋及土地的交易量和價格再度逐步上升。另外，原本估計推動奢侈稅可以產生每年額外 150 億的稅收，但實際稅收卻不到一半。有人認為，稅收額度正好印證了奢侈稅抑制交易量的成功。

為了了解奢侈稅的實施成效，財政部委託學者研究，該份研究報告指出，奢侈稅（特銷稅）發揮一定程度的抑制炒作、哄抬價格之功能，有達到穩定房市的效果。甚至不動產相關產業 —— 比如建造執照或使用執照之戶數、面積，或是僱用員工人數或薪資所得觀察，都呈現正成長，顯示特銷稅雖然有抑制炒作，但沒有對相關產業或總體經濟產生負面的衝擊。

● 有錢人就欠徵稅？

「奢侈稅」是政府希望藉由課稅，減緩不動產的炒作，避免有錢人愈來愈有錢，一般百姓卻沒房子住的不公平情況。雖然根據財政部委託的研究報告，奢侈稅的實施有穩定房市的效果，但同份報告也提到我國房價仍是不合理的偏高。

2020 年大選前，實價登錄相關的修法通過，有立委認為這次改革不足，所以繼續推動實價登錄、囤房稅等議題，期待能夠建立更完善的制度，實現居住正義。唯有持續關心與討論，才有機會建立人人都能幸福，也更宜居的社會。

臺灣真的是
詐騙天堂嗎？

2016

四月

16

20 名詐騙犯
遣返回臺，
證據不足全部釋放

2016 年 4 月 16 日，
媒體報導在馬來西亞詐騙的 20 名嫌犯返臺後，
因沒有犯罪事證，在 16 日凌晨全部釋放返家。

● 事件經過

　　2016 年 3 月，馬來西亞警方破獲跨境電信詐欺案，逮捕了許多詐騙嫌疑人，包括 52 名臺灣人。其中 20 名嫌犯在 15 號被遣送回臺後，警方以通知書方式通知 20 人說明涉犯詐欺情形，隔天凌晨以犯罪事證不足，20 人全部釋放。

　　該消息一出，各大媒體都推出報導，從標題就能看到他們的氣憤，比如「誇張！馬國詐騙 5 千萬，20 嫌返臺皆放走」、「法界自嘲『臺灣是詐欺犯天堂』」，更有新聞報導「臺灣有人權，犯人過很爽」等，表達對於警方處理方式的不滿。

上述新聞其實都有談到這個事件的重點，就是警方是因「事證不足」所以放人，而非不處罰他們的犯罪。

犯罪當然必須接受處罰，但在一個法治國家，要確定一個人犯罪，必須經過嚴謹的刑事訴訟程序。簡單來說，嫌疑人不是被警察抓到就可以送到監獄，他還必須經過檢察官起訴以及法官審判有罪後，才是真正的「犯罪」，也才必須接受刑罰。而在此之前，嫌疑人在法律上都是無罪的，這就是「無罪推定」。

在本案中，因犯罪證據都不在臺灣的偵查機關手中，自然無從對這些嫌犯施以強制性手段。若是檢察官順從民意統統起訴，之後法官也可能因為證據不足而輕判甚至無罪，這樣會更好嗎？

所以故事要看完，在釋放這些嫌犯後，檢察官便向馬來西亞調取相關證據，20 日傳喚 20 人到案，其中涉有重嫌的 18 人被裁定羈押禁見，至於另外 2 人也被限制出境。

這樣，臺灣還是你眼中的犯罪天堂嗎？

● 面對跨國詐騙，我們還能想得更多

這種跨國詐騙案其實非常複雜，證據多分散各地難以取得，我們又與大多數國家沒有邦交所以常拿不到證據，也可能面對中國搶人犯的狀況，媒體或政府當然可以站在相對輕鬆的角度，說犯人回臺灣過很爽，應該加重刑度讓他們不敢再犯。

但這些都不會真正改善問題，媒體片面報導更會打擊本已低落的司法形象，進一步挑起民眾對犯罪人的反感，無助解決大家都討厭的詐騙問題。

希望大家都能理解，從媒體到個人，面對犯罪，我們最缺的就是情緒了。

不是死要錢，
而是要尊嚴

2017

18

四月

反年改團體，
夜宿包圍立法院

2017年4月18日，反年改團體夜宿包圍立法院，
打算在隔天抗議蔡政府推動年金改革。

● **年金議題的浮現**

　　1958 年，國防部及財政部發布「行政命令」，讓退伍軍人擁有「存款優惠利率」，後來擴及到公務員和教師，目的是讓這些人專心為國家服務，不必擔心退休生活。雖然在李登輝前總統執政後取消了，但是在 1995 年前就開始從事軍公教工作的人仍享有優惠，保障最低的存款年息 18%，也就是人們口中的「軍公教 18 趴」。

　　隨著時代變遷，銀行存款利率漸漸降低，為了維持當初承諾給軍公教團體的優惠利率，政府每年都從國庫撥出數百億彌補銀行；同時少子化及高齡化影響，政府需要花費更多稅金施行各種社會福利，「18 趴」造成的財務缺口愈來愈明顯，各項社會保險也面臨財務危機。因

此從李登輝以後的每位總統，都對「18 趴」的優惠制度進行修改，例如馬總統就曾經說過：「年金改革，一定要改。」

蔡英文上任後，決定全面停止「18 趴」，並且檢討年金制度，其中軍公教人員的退休金以及優惠利率備受檢討，於是引起軍公教團體的不滿。

● 退休金不能動？

軍公教團體認為退休撫卹相關法律的修正涉及到「不溯及既往原則」，這個原則的意思是：如果人民做了一件事情後，政府才制定新的法律或修改法律，那麼這個新規定不可以對人民已經做的事情有影響，否則人民將不會信賴法律。

確實，拿著新法律突襲人民好像不太合理，但隨著經濟環境的變化，如果再不調整年金規則，年金便會面臨破產；一旦破產之後，不論是誰都無法領到年金，這種結果將會對「公共利益」造成非常大的傷害。因此大法官在釋字第 717 號解釋認為，隨著時代演進，現在與當初設計「軍公教 18%」的時空環境不一樣了；政府修改這個制度是為了避免造成國家財政的負擔，也是考慮到國家的資源有限，應該要合理分配，確實有公益的考量。

● 要錢？要尊嚴？

年金改革指的不只是有關「軍公教 18 趴」的議題，更是各種職業的「退休金」財務問題，而退休金其實包括各項社會保險的「老年給付」以及有關退休撫卹法令的「職業退休金」，兩個都是有關「社會安全」的制度。因此，為了避免修法後造成部分人民的退休金不足以負擔「基本」的生活開銷，有所謂的「樓地板設計」，讓年金維持一定的額度，也保障人民的社會安全。

而這個爭議，也在司法院大法官釋字 781、782、783 號解釋出現後，慢慢走向終點。

最後四個月
總統不能做事？

2011

四月

19

總統立委一起選，
竟然會讓總統沒事做

2011年4月19日，
新聞報導中選會決定總統、立委大選合併選舉，
以及可能面臨的憲政空窗期問題。

● **憲政空窗期是什麼？**

　　簡單來說，選完總統後，現任執政黨如果輸了，在正式交接給新政府前的這段時期，雖然可以繼續執政，但民意其實已經有了新選擇，這段期間就是「憲政空窗期」。這時舊政權已成「看守政府」，簡單來說就是：「雖然你還是總統，但其實你被民意否定了。」

● **為什麼會有憲政空窗期？**

　　時間先往前拉回 2005 年，那年修了憲，將立法委員的任期從 3

年改到 4 年。也因此自該年起，原訂下屆（第七屆）立委選舉由 2007 年改為 2008 年，與總統大選同一年。也因為憲法規定立委的開會時間是每年 2 月，所以 2008 年第七屆立委之後的立委選舉，都落在 1 月進行（在此之前都是在 12 月）。

當時的總統選舉是 3 月，為了不浪費社會資源，中選會才會決定，那就總統立委一起在 1 月選一選吧！一起選可以省很多錢當然是好事，但是總統的就職日因為照慣例一直是 5 月 20 日，所以選完與上任便會有時間差，這就是所謂的「憲政空窗期」。

● 憲政空窗期有什麼問題嗎？

有人認為，若立委選完就倒閣，看守總統可能會被迫解散國會，但此時看守總統是否適合解散最新民意選出的國會？其中更重要的問題在於，當時的民意已經不信任時任總統了，而舊總統卻還掌握著國家資源；所以這時的政府大多不會有重大決策，但若這段時間出現重大議題時，政府又該如何施政？

或許讓選舉和就職的時間拉近，才是唯一的解決之道。

被政府
禁止回臺灣
的臺灣人

1993

四月

21

黑名單人士
陳鼓應教授
終於獲准返臺

1993年4月21日，
因「臺大哲學系事件」被國民黨政府列為黑名單的陳鼓應教授，
終於獲准返臺。

● 臺大哲學系事件，株連 13 名教授

　　臺大哲學系事件發生於1972至1975年間，當時外交面臨挫敗，使得戒嚴鬆動，國民黨政府開始警戒，保守勢力也發表一篇〈一個小市民的心聲〉的長文，開始反對學生運動、自由言論及自由派的言行。

　　事件首先發生的是「職業學生案」。當時臺灣大學論壇社舉辦了「民族主義座談會」，陳鼓應教授對〈一個小市民的心聲〉一文提出辯駁，一名哲學系學生馮滬祥指稱陳鼓應專門攻擊政府、為匪宣傳，陳鼓應則回應：「馮滬祥是職業學生」，另一名哲學系學生錢永祥聲援陳鼓應：

「大家不要聽職業學生的話！」。隨後陳鼓應被解除導師資格，錢永祥也因為中傷同學被記大過。

不久之後，又發生「為匪宣傳案」。陳鼓應與王曉波教授被稱涉嫌「為匪宣傳」遭警備總處拘留，雖然隨後由臺大校長保釋出來，但是兩人最後都未獲續聘。

後來，馮滬祥參加理則學考試得到零分，要求導師讓他及格，並表示哲學系即將「整頓」，果真哲學系系主任被撤換，由孫智燊接任。孫智燊上任後即開始變更人事、課程，安插自己人。

而後王曉波等人向校長聯名提意見書，但是孫智燊則召開緊急座談會，不斷指稱臺大哲學系內有「共產黨、赤色分子」，並指控王曉波的碩士論文是在呼應中共的「批林批孔」，甚至將這些指控作成會議記錄向媒體宣傳，企圖讓社會指責臺大政治鬥爭。而後臺大展開解聘大業，最後臺大哲學系事件中共有 13 名教授遭解聘。

● **在那個時代，是罪有應得？**

事件一直到後來組成委員會調查，才讓陳鼓應、王曉波等人復職。事件發生後，王曉波也表示，對於當年並未介入政治活動卻無辜受株連的人們，應該要給他們平反翻案。

王曉波認為自己和陳鼓應是罪有應得，因為在那樣一個恐怖的時代，知識分子就是要付出代價。雖然在近代，王曉波因為歷史背景導致傾向的意識形態遭到許多人的批評，但是他在戒嚴時期捍衛自己的精神是值得敬佩的。

全臺灣
最危險的醫院，
你還記得嗎？

2003

四月

22

臺北和平醫院，
爆發集體感染 SARS

2003 年 4 月 22 日，
臺北市立和平醫院（現在的臺北市立聯合醫院和平婦幼院區）
爆發第一起醫院集體感染 SARS 事件後，
醫院宣布停診、停收住院病人兩週，院內也全面進行消毒。
當時的臺北市立和平醫院，甚至被稱為全臺最危險的醫院。

● 回顧 SARS 事件與和平醫院感染案

　　嚴重急性呼吸道症候群，簡稱「SARS」。2002 年 11 月於中國廣東首次發現確診病例，但當時中國認為疫情不嚴重，因此並未特別進行防疫措施。直到隔年 2 月春節假期，返鄉人潮使病毒隨之擴散，疫情漫延至東南亞、臺灣等地，甚至遍及全球，造成國際社會恐慌。
　　臺灣是在 2003 年 2 月之時，一名勤姓商人自中國返臺後即出現

病徵,為當時臺灣第一個 SARS 確診病例。同年 4 月,臺北市和平醫院收治一名已感染 SARS 的病人。但這名病人沒有接觸史,所以醫院沒有在第一時間把他列入 SARS 病例,導致院內人員資訊不足,未做好完善防護措施及隔離。

後來,和平醫院院內集體感染事件爆發,疫情一發不可收拾,醫院決定停診兩週,甚至封院。為了處理 SARS 疫情,行政院將 SARS 列為《傳染病防治法》中的第一類法定傳染病,並經立法院通過《嚴重急性呼吸道症候群防治及紓困暫行條例》。

SARS 事件最後在同年 6 月疫情獲得控制下落幕,全臺當時確診病例為 346 人,死亡人數 73 人,其中 150 人是在和平醫院感染 SARS,35 人病逝。

● **傳染病防治法是什麼?它可以怎麼保護我們呢?**

傳染病防治法的目的,是為了防止傳染病發生時導致疫情蔓延,而造成社會人心惶惶,並規定政府主管機關應調查各項疾病,並有效進行預防。當疫情爆發時,主管機關也應該儘速掌控疫情。而所謂主管機關就是衛福部疾管署。

因此,在傳染病防治法的規定之下,如果有流行病或各類傳染病疫情時,疾管署對於各種食物、動物等傳染病媒介,會下令予以撲殺、撲滅、銷毀等必要處置,避免受感染的食物流入社會,形成交叉感染。若疫情嚴重時,法律也允許地方政府視情況管制上班、上課等集會。

除了規範政府,也規定醫療機構應協助執行疾病管制,防止機構內感染。醫生如果發現病人為確診病例,或有疑似傳染病的症狀時,應立即對病人進行管制和隔離,並回報疾管署。

希望永遠不會再有下一個 SARS,但如果真的發生了,也希望傳染病防治法能夠發揮作用,控制疫情。

臺灣史上最大的司法竊案

臺版黃金傳說，
靜靜的
躺在倉庫裡 22 年

2009 年 4 月 23 日，
有媒體報導發生在臺灣史上金額最高的司法竊案，
應該保管在臺北地院贓物庫，
價值上千萬的黃金竟然憑空消失。

● 贓物庫人員監守自盜？

　　這個司法竊案的黃金，就是「聯信貴金屬吸金案」所查扣的 113 件黃金飾品，當年由臺北地院的贓物庫保管。等到要將這 113 件黃金充繳國庫時，卻發現只剩下 4 枚金幣！

　　承辦人員也表示在清點時，沒有拆封清點數量及內容的程序，但依法院辦理證物勘驗注意要點，標準程序應該要拆封清點確認贓物，

勘驗完成後由書記官確認上封條。

當時檢方則是懷疑公務員監守自盜，而依瀆職罪偵辦臟物庫管理員，但檢察官最後還是查無犯罪事證簽結（刑事訴訟法沒有規定，指犯罪嫌疑仍然不足，而沒有進入偵查階段案件的結案方式）。

所以黃金到底去哪了？

2013 年，臺銀新竹分行的員工發現一只神祕的紙箱，聯繫地檢署開封以後，發現遺失的上千萬黃金飾品就在新竹分行的金庫，它就在那裡 22 年，沒有被偷！

● 「假設」真的是監守自盜？

如果真的是監守自盜，那這個司法竊案就很有可能成立《貪污治罪條例》第 4 條第 1 項第 1 款的「竊取或侵占公用器材、財物罪」，也就是所謂「監守自盜」。該款並沒有像竊盜罪「意圖為自己或第三人不法之所有」這個主觀要件，所以行為人如果沒有想要據為己有的主觀意圖，雖然不成立竊盜罪，但還是可能成立竊取或侵占公用器材、財物罪。

而且本條例主要處罰的對象是公務員，有加重處罰，主要是為了嚴懲公務員利用自己的公權力或職務，而更有機會竊盜或侵占。

還好這個史上最大的司法竊案，並不是貪官監守自盜，只是個屬於臺灣的「黃金傳說」。

你知道嗎，
全世界最有錢的
政黨可能在臺灣

2007

四月

25

馬英九和蘇貞昌
都認為要處理的
「不當黨產」

2007 年 4 月 25 日，
當時的行政院長的蘇貞昌成立「追討不當黨產」官方網站，
要讓「不當黨產」歸還全民。

● 因為歷史脈絡，所以錢很多

　　1945 年 8 月，日本撤出臺灣，由中華民國政府接手。日本人留
在臺灣的許多財產，由當時的「臺灣省行政長官公署」接收。幾年後，
中國國民黨和中華民國政府撤退來臺，帶來海外資產並遷移原本在中
國成立的黨營事業。面對當時兩岸的緊張情勢，且為了累積實力「反
共復國」，國民黨以「一黨專政」的方式控制中華民國政府，所以當時
國庫與黨庫的界線並不清楚，這些本來應該屬於政府的財產，也就落

入了國民黨的手中。

　　在經濟方面，政府利用國民黨的「黨產」來進行建設，但有時也會做出一些「母湯」的事情，例如：占取公有地之後，再用低價把房屋和土地賤賣給國民黨，抑或是把國家的預算當作國民黨的預算……等等，再加上黨營事業的投資所得，國民黨因此累積了不少財富。在1994 年，國民黨更被雜誌評選為全世界最有錢的政黨。

　　1993 年，中央投資公司的總經理接受《經濟日報》的專訪時，指出黨營事業數十年下來，總共累積了超過 9 千億的資產，讓黨產問題受到大眾的關注。至於現有的部分，依照國民黨自己提出的報告，黨產從 1998 年的 918 億降到 2016 年的 166 億。但也有人認為，國民黨公開的房屋及土地數量，比起財政部清查出來的數量還要少很多，除此之外，擁有的股票總價值也備受爭議，「黨產」實際上應該更多。

● 「不當黨產」當不當？

　　為了解決「黨產」問題，馬英九在 2005 年 8 月 19 日當選中國國民黨黨主席就任演說時，為了 2008 年大選，當時提出明確的黨產「處理時間表」，強調黨產問題務必在 2008 年以前就要清理完畢，更在2009 年提出保證，要黨產歸零。

　　但一直到了 2016 年立法院才通過《政黨及其附隨組織不當取得

財產處理條例》，簡稱「黨產條例」；而行政院也依法成立「不當黨產處理委員會」，簡稱「黨產會」，目的在於還原威權統治時期的歷史，把過去政黨取得的「不當黨產」還給國家或人民，避免政黨因為擁有這些財產，讓他們可以在政黨競爭上取得「不合理」的優勢，進而建立一個公平的競爭環境。

所謂的「不當黨產」，是指政黨使用「不正當」的手段取得的財產。也就是說，政黨如果使用了一些方法取得財產，而這些方法是「一般政黨」不應該使用的方式，或是一個「民主法治國家」不可能容許的方式，那麼利用這種方式取得的財產，就會被認為是「不當黨產」。

另外，不一定要是「非法」取得的財產才算「不當黨產」，即使是「合法」取得的財產也可能是「不當黨產」。例如，國民黨曾經占走地方仕紳的土地並且興建房舍，用來當作黨政軍幹部訓練的場地，要求地主以低價賣給國民黨，地主迫於情治人員的包圍下而簽訂契約。國民黨雖然是用買賣契約的「合法」方式取得，仍然可能是一種「不當黨產」。

● 「黨產條例」是不是「違憲的正義」？

「黨產條例」的立法目的，是讓每個政黨有平等的競爭機會，藉此保障政黨的自由和正當發展，健全民主政治。為了達到這個目的，才用立法的方式去檢視過去政黨取得的財產是否符合現代「民主法治」

的精神，進而落實「轉型正義」。

　　如今面對黨產問題，大家都知道一定要處理，才會讓臺灣的政黨進入到比較公平的競爭狀態。但什麼才是公平的手段，或許這件事永遠沒有答案，畢竟被處理的對象一定永遠認為不公平。因此看待黨產爭議，我們應該要回顧歷史，仔細看待整體脈絡，才會比較公允的了解整件事情。

寫書罵政府，
政府派人暗殺你

1991

四月

26

江南案：
竹聯幫幫主皈依佛門

1991年4月26日，陳啟禮皈依佛門，而他曾是竹聯幫幫主，
更是一樁政治暗殺事件「江南案」的打手。
此案影響臺灣至深。

● 蔣氏政權指使黑幫暗殺？── 江南案

　　1984年10月15日，在美國舊金山的一位公民，在家中被發現
身中三槍死亡。

　　他是《蔣經國傳》的作者江南，本名劉宜良。當劉宜良的妻子得
知丈夫死於槍殺時，妻子很快地指出兇手就是《蔣經國傳》封面的人
像！因為《蔣經國傳》寫了許多國民政府和蔣家的祕辛，且劉宜良時
常公開批評蔣經國，當時甚至著手幫一位敢於公然挑戰國民黨的政治

人物寫傳記，也就是《吳國楨傳》。

陳啟禮和江南案的淵源，是從一場飯局開始。竹聯幫的帥嶽峰邀約陳啟禮參加，表示當時的國防部軍事情報局長汪希苓在場，汪希苓認為兩人「可用」，於是在這次會面後，陳啟禮成了有編號和化名的情報人員，並在陽明山基地接受了訓練，為一樁「為國盡忠」的行動準備。

後來兩人接獲要去美國剷除「不忠於國家」的作者劉宜良。但之後帥嶽峰中途退出，陳啟禮於是找了竹聯幫的吳敦和董桂森加入任務。觀察劉宜良一家多日，到了案發當天，吳敦和董桂森潛入車庫，兩人先後對其共開 3 槍，並快速逃離現場，劉宜良則是當場死亡。

當這 3 人認為自己完成報效國家的大業時，竟然在事後被依檢肅流氓條例、組織犯罪條例，針對掃黑的「一清專案」逮捕。美國後來也證實是中華民國情報局謀劃此案，自然對於在美國本土派黑幫暗殺美國公民之事怒不可遏。輿論之下，汪希苓被逮補，陳啟禮也因此被判終身監禁，惟後來減刑至 6 年半有期徒刑。

● 壓制他言論，王朝反沉淪

江南案究竟是否為蔣經國指使，或有其他高層授意，一直是可議的。但可以從當事人的訪談和回憶錄知道，這個事件所牽涉的層級絕非只到情報局。另外，江南案是成為臺美交惡的原因之一，畢竟美國認為你殺人殺到美國來。本案甚至也是臺灣民主化的關鍵之一，或許就是蔣經國在美國輿論下以及各種民主運動的興起，宣布蔣家人不會再接任總統，也陸續解除戒嚴和開放黨禁。或許沒人料得到，這起為了壓制言論的「江南案」，不僅未果，反成了其政權結束的關鍵。

藝人代言
不實廣告，
也要受罰？

2010年4月27日，新聞報導公平交易法將增訂，
若廣告不實，藝人也可能受罰。

● **來看看案例！**

現在到處都可以看見廣告，比如你打開臉書，看到最多的可能不是好友訊息，而是各式各樣的廣告，像是美白、瘦身、保健⋯⋯等。更常看到的是藝人或者網紅會收到廠商的要求，而去推銷某些商品。一般來說，這個是很正常的商業往來，廠商自然想推銷商品，而透過藝人的高知名度，讓潛在消費者注意到商品，進而想消費。

但假如這個商品其實會傷身體，那除了廠商要負賠償責任，幫忙推廣的人也要負責嗎？

舉個例子，有個商品叫做「爆瘦水」，宣稱只要喝完就能快速減肥而且不會有副作用，由韓國人的廣告代理公司負責打廣告，而且找了知名藝人「韓國洋」來代言。結果某個消費者喝完「爆瘦水」之後發生嚴重副作用，去看了很久的醫生才治療好，所以消費者打算向廠商求償。這時候韓國人的廣告代理公司與韓國洋有需要負責嗎？

● 代言的藝人也要罰嗎？

　　目前在公平交易法中有規定，不能在廣告中有不實的內容，若廣告代理商明明知道不實，或者其實可以得知有不實，但卻還是製作會誤導閱聽人的廣告，當有人求償，那他也要負擔連帶的賠償責任。

　　那韓國洋也要負責任嗎？

　　同樣在該條文中也規定，為產品代言的韓國洋叫做「廣告薦證者」，同時也要負連帶責任喔！

　　法律規定，只要你不是廣告主，在廣告中對商品或服務表達意見或親身體驗等，這樣的人或機構就是廣告薦證者，也要與廣告主負擔連帶賠償責任。除此之外，主管機關也就是公平交易委員會，也可以因為廣告不實，對業者和廣告薦證者處以罰鍰。

　　總而言之，藝人或網紅可不能對商品什麼都不了解就代言，不然很可能會被罰錢的喔！

麥當勞的炸彈，造成員警殉職

1992
四月
28

重大刑案的
辯護困境

1992 年 4 月 28 日，原本充滿歡樂的麥當勞，
卻被歹徒放置炸彈，勒索 600 萬元，並且炸死一位警察。

● 拆彈失敗，員警壯烈殉職

　　1992 年，陳希杰為了籌措結婚費用，製作水銀炸彈裝在茶葉罐中，放置於臺北民生東路的麥當勞天花板，勒索 600 萬元，否則將進行極端報復。警方當然不敢大意，防爆小組分隊長楊季章（他也是當時歌手蘇霈的男友）穿上防爆衣去取下炸彈時，啟動裝置，瞬間引爆炸彈，雙臂慘遭炸斷、內臟破裂，送醫宣告不治，年僅 24 歲。

　　但惡夢並未因此停住，隨後又發現在信義區的草叢內發現炸彈，隔日永和、林森北路的兩家麥當勞也遭放置炸彈；永和店的麥當勞不慎引爆，造成員工重傷。麥當勞總部更宣布全國分店暫停營業，以確

保顧客與店員安全。警方後來透過指紋比對，找出嫌犯是陳希杰，最後法院判處他無期徒刑，另一名協助他的共犯潘哲明也被判處 15 年 6 個月的有期徒刑。

楊季章用他的生命，為後來的警察弟兄們換來更多的安全和保障，當時的刑事警察局長盧毓鈞制定《因公殉職人員遺族生活慰問辦法》，刑事局提高危險加給，徹底改善裝備，大幅改善防爆人員的安全。

● 有罪辯護是什麼？

像陳希杰這種罪大惡極的罪犯，需不需要有人幫他辯護？《我們與惡的距離》中，王赦為何費盡心力為李曉明等人辯護呢？當被告所犯的罪已經罪證確鑿了，例如鄭捷在捷運上殺人，這時候任何人幾乎無法繼續秉持無罪推定的原則，被告的辯護律師能做的也就只剩「有罪辯護」，試圖去維護被告的程序正義。

所以「有罪辯護」，從來不是要替犯人脫罪，而是要每一個犯錯的罪犯，受到「合理」的審判以及處罰。即便是惡魔，也不可以受到「不合理」的對待，因為一旦我們可以隨便處置惡魔，不就代表我們其實也是惡魔？

為鄭捷辯護的黃致豪律師曾說過一句話：「我們來做個實驗，看這社會 —— 包括司法、媒體 —— 有沒有辦法以公正理性的方式，看待一個即便是確定會被判死刑的案件。」最後，鄭捷確實被了判死刑，也在判決確定後不久被槍決。

而在這過程中，這個社會有沒有公正理性地看待這個案子呢？這或許是我們整體社會一輩子的課題。

花花公子的爸爸是大法官

1987

四月

29

大法官，
到底大在哪裡？

1987 年 4 月 29 日，時任司法院院長的黃少谷前院長，
主持任內最後一次大法官會議。

● **這個大法官的兒子更有名，是著名的花花公子**

　　黃少谷是誰？他的背景主要是陸軍，也當過記者、外交部長、政務委員、行政院副院長，最後當到司法院長。畢竟在那樣的時代，只要是政府親近的人，不論專業與否，都可以在工作上有不同的嘗試。

　　但他的兒子就更有名了，是大家口中的花花公子黃任中。黃任中曾經因為當過公司總裁以及股票買賣成功，因此身旁都會有很多的「乾女兒」，造成他社會形象不佳。在眾多乾女兒中，最有名的是小潘潘。

更有趣的是，到 2015 年為止，黃任中與兒子黃若谷欠稅金額高達 49.53 億元，占當年度國家總欠稅金額 5%，是欠稅大戶之首。

● 我們回到大法官身上，去年大法官制度改變了？

不講八卦故事，我們把焦點放回大法官身上。

「大法官會議」是由 15 位大法官所組成，依據《司法院大法官審理案件法》的規定，法律上解釋憲法的機關是「司法院大法官」——具有「解釋憲法」、「統一解釋法律及命令」的職務，及審理「政黨違憲解散案」及「總統、副總統彈劾案」的權限。

2018 年，立法院在制度上全面進行翻修及變革，未來有事找大法官的依據變成《憲法訴訟法》，讓憲法案件可以進行訴訟。簡單來說，現在大法官只能審查「法律規範」，修法後將可以另外審查「具體個案」。

● 改革是為了保障更周全

無論大法官釋憲制度如何演變，在司法改革之路上，大法官將繼續引領臺灣民主憲政秩序的穩定發展，有效而周延的保障我們憲法上應有的權利。

陰魂不散 43 年，
動員戡亂時期結束

1991

四月

30

李登輝總統宣布
廢除動員戡亂時期
臨時條款

1991 年 4 月 30 日，
時任總統李登輝在總統府中外記者會上公開對外宣布，
終止長達 43 年的動員戡亂時期，
廢止《動員戡亂時期臨時條款》。

● 動員戡亂時期對人民有哪些限制？

　　1947 年因應國共內戰，國民政府宣布動員戡亂，並制訂《動員戡
亂時期臨時條款》為憲法的附屬條款，提供政府「臨時應變的能力」，
不受憲法的限制。白話一點，就是憲法中有許多規定，政府可以先不
用遵守。

歷史上對臺灣影響劇烈的事件除了「二二八事件」與「頒布戒嚴令」外，長時間實施《臨時條款》，不斷擴張總統及國民大會的權力架空憲法，各種以「動員戡亂」為名的法律也陸續頒布，包括「檢肅匪諜條例」及「懲治叛亂條例」等，在威權體制下形成白色恐怖，強力箝制人民的思想，甚至奪去許多人的生命。

直到 1990 年野百合學運，學生提出「廢除臨時條款」與「召開國是會議」兩訴求。李登輝於歷史上的今天宣布終止動員戡亂，廢止《臨時條款》，並公布憲法增修條文，回歸正常憲政體制。當時在《戒嚴令》與《臨時條款》的交互作用下，動員戡亂時期下的集權統治共施行 43 年之久，對臺灣社會、政治等各方面造成顯著且深遠的影響與傷害。

● **沒有任期限制的立委，終於下台**

終於在 1991 年的 12 月 31 日，已經 43 年沒有經過選舉的立法委員全部下台，也宣告「萬年國會」的結束，終於讓臺灣慢慢地進入民主時代。

MAY

五月

走過那些
容易失去生命年代

史上最可怕的綁架殺人事件

1997

五月

1

重大罪犯陳進興的
逃亡之旅

1997 年 5 月 1 日，臺北市警方接獲線報，
懷疑白曉燕撕票案的嫌犯之一陳進興出現在中山區，
於是發動大規模的警力搜捕。

● 從那天開始，恐懼蔓延

　　1997 年 4 月 14 日，藝人白冰冰的女兒白曉燕被陳進興、林春生及高天民三人綁架。白冰冰在約定地點找到了白曉燕被綑綁的照片、五百萬美元的勒贖紙條以及一截小指頭。警方在成立專案小組後，陳進興等人多次約定交付贖款的地點，但卻沒有現身。直到白曉燕的屍體在排水溝被發現，警方表示全面追捕陳進興等人，三人也開始逃亡。
　　陳進興等人在逃亡時又犯下多起案件，例如侵入整形外科診所，強迫醫生為他們整形後，殺害醫生及護士、還有侵入民宅、強盜、竊盜、

性侵害婦女等，依照 DNA 鑑定的證據，光是性侵害的案件就有 19 件。

　　林春生及高天民在警方的圍捕行動中身亡。後來，陳進興入侵南非大使館武官卓懋祺的家中，挾持其一家人並與警方對峙。最後，在時任臺北市刑警大隊大隊長侯友宜、民進黨中評會主委謝長廷等人的溝通下，陳進興釋放人質並投案，結束 7 個月的逃亡。

● 亂世用重典？

　　陳進興最後被判處死刑定讞，並在隔年槍決。雖然沒有人否認陳進興的罪大惡極，但在當時法院用《懲治盜匪條例》進行判決卻引起許多爭議。

　　爭議的原因來自《懲治盜匪條例》這部「特別刑法」，實施的有效期限是一年，不過必要的話，可以由政府用「命令」延長有效期限。《懲治盜匪條例》在 1944 年 4 月 8 日施行，照理來說，當初有效期限最長只到 1945 年 4 月 8 日。而政府第一次延長它的時間點，卻是在 1945 年 4 月 20 日，也就是說政府在這部法律已經「失效」了才延長它的有效期限！

● 拋棄了法治，只會剩下粗糙的司法正義

　　不是說沒有了《懲治盜匪條例》就不能制裁陳進興，他所犯的罪《刑法》統統可以處理。問題在於如果國家要求人民遵守法律，那國家自己也應該要先遵守法律才行。

　　如果國家自己都不遵守法律的內容了，那又要人民如何願意遵守法律呢？

從母姓，
行不行？

2007

五月

4

。

立法院三讀通過
民法修正案
父姓母姓都可以

2007年5月4日，立法院三讀通過，
以後父母在小孩出生前，應該用書面約定跟誰的姓。

● 以前只能從父姓

　　許久以前的民法規定：「子女從父姓」，如果你是那時候的人，你的小孩就不能從母姓。相信很多人討厭這個規定，因為它反映了過往女性權利總被忽略的社會風氣。

　　但在許多前人的努力之下，民法在2007年修正，父母應以書面方式決定子女從父姓或母姓。這是個很重要的宣示，讓過去父系的社會有了不同的面貌。不過法律的修正只是改變社會的其中一項方法——不會因為某個條文改了，原本的問題就會神奇地不見。比如在

姓氏的規定修法後，根據內政部的統計，新生兒約定從母姓的比例一直沒有超過 5%，顯示修法至今大環境的結構仍然很穩固。

● 姓氏哪裡重要？

姓名很重要，畢竟人是社交動物，總會被他人稱呼，連大法官也認為姓名權是一種人權。但在過去的傳統上，姓氏卻是獨尊父親的利益。

有人認為姓氏只是個代號，一點也不重要，所以不用爭論要不要從母姓。但如果這件事不重要，那何不能從母姓？從統計數字來看，也讓人注意到在家庭中應該要平等的夫妻，為何決定某一件事情時，有利於一方的結果呈現壓倒性的多數？

現代教育告訴我們性別應該平等，但同時也留下許多社會現實── 這告訴我們真實的社會不是這樣運作。比如說你必須考量不同社會下不同的背景，一個重視香火傳承、慎終追遠的社會，要求老一輩的人接受小孩可以從母姓，那會是多大的衝擊。這會讓受過現代教育成長的女性，在要決定子女姓氏時，深刻感受到性別平等的社會真的還很遙遠。

關於姓氏的爭論，法律上其實已經有了更進步的規定，比如小孩成年後可以自主決定要從誰的姓。但就如上述所說，單靠修改法律，很難真正影響這個社會，所以除了爭取修法外，每個家庭還必須願意在姓氏這件事情有更多的討論、妥協，才有機會突破傳統觀念的枷鎖，真正實現平等的理念。

馬英九，
還我牛

2004

五月

6

原來欠稅太久
會被關？

2004年5月6日，
「抗議天王」柯賜海因為自家公司欠稅兩百多萬，
遭到法務部行政執行署及警方帶走，並「管收」於土城看守所。

● 六十年一回，人生如劇本

　　人稱「柯董」的柯賜海年輕時事業並不是非常順利，直到開始買賣法拍屋才漸漸累積資產。2001年，媒體報導他利用流浪狗強占法拍屋，藉此用低價買進再高價賣出；柯賜海因不滿被抹黑，在新竹遊覽車劫持案件發生時，跑到媒體的鏡頭前抗議，而遭警方驅離，從此開始他的抗議之路。

　　某天柯賜海帶著牛去總統府抗議，結束後牽著牛去附近的二二八公園喝水洗澡，被臺北市政府以違反《水利法》開罰50萬，他提出行政訴訟但以敗訴收場，市府則把牛送到屏科大安樂死。柯賜海認為是

臺北市長馬英九幹走他的牛，就在媒體旁大喊「馬英九，還我牛！」這句也成了他最廣為人知的抗議標語。

● 欠稅太久會被關！？

柯賜海曾被國稅局查到他的公司欠繳 239 萬的稅金，他一直不肯補繳。法院同意執行「拘提」及「管收」，於是柯賜海抗議到一半便被警方帶去土城看守所「管收」三個月。依照「行政執行法」，在「一定的情形下」行政執行處可要求有繳稅義務的人「提供相當擔保」並且「限期履行」。「提供相當擔保」的意思是這個人必須「提供有價值的物品」，例如黃金或股票，以證明自己有財力繳稅；而「限期履行」的意思則是這個人應該「在一定期限內」完成他的義務。至於什麼是「一定的情形」？例如這個人明明有錢可以繳稅卻故意不繳，或這個人非常有可能跑掉，讓政府找不到，那麼「行政執行處」就可以提出這些要求。

若行政執行處提出上面的要求後，有繳稅義務的人依然不願配合，就可請法院決定是否「拘提」並「管收」。「拘提」的意思是讓警方強制把這個人帶去行政執行處進行報告；而「管收」的意思則是把這個人關在看守所裡。

● 關不住的抗議魂

柯賜海後來提出了一份補繳稅的計畫，只被「管收」了 28 天就重獲自由，他自己卻認為法院抓錯人。好景不常，他在 2007 年又因涉嫌詐欺和偽造文書被判 3 年 3 個月，在訴訟期間他一樣不斷抗議司法不公。直到入監服刑完後，他才表示自己不僅不再抗議司法，還要鼓勵司法進行改革。

直到今天，柯賜海已邁入高齡，偶爾還會有媒體訪問他是否要重拾「抗議天王」的舊業。但隨著柯賜海的兒子漸漸長大，加上帕金森氏症纏身，柯賜海自己表示，不會再上街頭抗議，讓這個名號留給下個有緣的人。

他的貪污
不是你的貪污

2013

五月

7

林益世案
一審不成立收賄，
法官自請評鑑

2013 年 5 月 7 日，法官吳秋宏、紀凱峰及林孟皇三人，
由於承審林益世涉及的貪污案件，
一審判決林益世收賄部分無罪，引發外界譁然，
於是自行移送評鑑。

● **不給簽約，就走著瞧！**

　　2010 年，地勇公司負責人陳啟祥拜託時任立法委員的林益世，
幫助他的公司向中聯公司爭取簽約，並表示如果爭取成功，會給林益
世一筆錢。後來，中聯公司評定地勇公司不合格，林益世就將中聯董
事長叫來，表示如果不給面子，就要利用立委的職務影響力，換掉他
們的副總經理。中聯公司因此再次給予地勇機會，地勇也成功取得了
資格及一些契約權利，陳啟祥之後依約給了林益世約 6,300 萬的「賄
款」。

2012 年媒體披露林益世收賄，引發外界關注，林益世起初否認犯行，後來向檢察官坦承收賄。隔年地方法院判決林益世 7 年 4 個月，其中有關貪污的部分無罪。

● 你的貪污不是你的貪污

　　一審的法官會判決林益世「收賄」的部分無罪，原因是不論《刑法》或《貪污治罪條例》都規定，如果要拿「收賄」相關的條文定罪，必須要「公務員」利用或是違背了「職務」而收受賄賂。

　　但中聯是民營公司，董事長也不是公務員，立法委員更不能「依法」質詢與監督。因此法院認為，林益世發揮的只是他的地方勢力和黨政關係，和他身為立法委員的「法定職務」無關，所以林益世「收錢喬事情」這件事，不成立比較重的「公務員收賄罪」，只成立比較輕的「公務員假借職權恐嚇得利罪」。

● 一個貪污罪，各自表述

　　過去法院認定是否貪污，採取的標準與林益世案地方法院的理由類似。但其實最高法院曾經在其他案件中採取「實質影響力說」。簡單來說只要公務員收了賄款，利用他的職務產生的「影響力」去幫忙做一些不該做的事（不一定是他原本的職務內容），像是「喬事情」，就會成立「收賄罪」。

　　但許多學者認為，最高法院的看法其實已經超出了法律規定的範圍，是非常有問題的。因為實質上的影響力其實非常難判斷，可能會流於法官恣意的認定，不是一個明確的標準。

讀了臺灣史，
差點被判死

1991

五月

9

獨臺會案，
解嚴後調查局
進入大學逮捕學生

1991年5月9日，
調查局以學生與「獨立臺灣會」（簡稱獨臺會）密切往來為由，
進入校園將學生拘捕，引發知識分子強烈不滿，
各界人士紛紛加入聲援，也就是「獨臺會案」。

● 恐怖降臨的清晨

　　1991 年，清華大學出現了一群調查局人員，完全沒有通知校方就以涉犯《懲治叛亂條例》為由，逮捕了學生廖偉程。同一時間，逮捕行動也在臺北、高雄等地進行，共四名學生遭到逮捕。檢警單位依當時《刑法》第 100 條與《懲治叛亂條例》對四人求處「唯一死刑」。
　　當時《刑法》100 條第 1 項內亂罪是這樣規定的：「意圖破壞國體、竊據國土，或以非法之方法變更國憲、顛覆政府，而著手實行者，

處七年以上有期徒刑；首謀者處無期徒刑。」另外，《懲治叛亂條例》也規定犯刑法第 100 條第 1 項要處死刑。也就是說，如果你「意圖」破壞國體（例如希望臺灣獨立，所以看相關的書籍），就會成立刑法內亂罪，根據《懲治叛亂條例》，刑責是唯一死刑。

調查局認為，廖偉程等四人與獨臺會有密切的往來。可是廖偉程事後自述，他並不認識同樣被捕的人，與獨臺會最多的關聯，只是寫論文時讀過了創始人史明的著作《臺灣人四百年史》，並且在前往日本蒐集資料的時候，順道拜訪而已。

這起事件引發臺灣社會與大學校園劇烈反彈，也是我們熟知的「獨臺會案」。臺灣各地大學生發起罷課並於臺北車站靜坐抗議，要求「廢除懲治叛亂條例、反對政治迫害」。

● 研究臺灣史等於叛亂？

1949 年政府為了處置叛亂犯，而制定《懲治叛亂條例》，實施的結果就是把犯罪的成立範圍無限擴大，縱容調查局等情報機關蒐集人民所有政治活動，並加以限制。

縱使 1987 年解除了長達 38 年的戒嚴，但《懲治叛亂條例》並沒有隨解嚴被廢除 —— 直到「獨臺會案」爆發，《懲治叛亂條例》才在輿論壓力下經立法院三讀通過廢除，無故遭到逮捕的廖偉程等四人也獲得釋放。

強迫穆斯林
吃豬肉
的臺灣老闆

2010

五月

10

強迫穆斯林移工
吃豬肉
臺灣老闆被起訴

2010 年 5 月 10 日，媒體報導知名運動品牌的代理商張雯琳，
涉嫌透過罰錢制度，強迫外籍勞工「吃豬肉」，
遭板橋地檢署（現在的新北地檢署）
依照刑法第 304 條強制罪起訴並求刑八個月。

● 故事是這樣的

　　蘇娃蒂、娃西娜、塔西，三位印尼移工原本要來臺灣當看護，到
了臺灣才發現自己被安排到工廠去當女工。她們每天工作超過 15 個
小時，不只超時工作沒有加班費，薪水的多寡基本上完全是看張雯琳
的臉色而定。原本說好月領八千新臺幣，但實際上拿到的卻只有原先
的八分之一而已。

聽到這已經覺得雇主很過分了嗎？那你就小看惡老闆了。

雖然超時工作、被惡意扣薪水，但她們們仍選擇忍氣吞聲，一旦沒有依約工作，就會欠下仲介公司一筆鉅額違約金。所以當雇主提出任何要求，即便再不合理，大多數的外籍移工還是會吞下去。

有一天，張雯琳說：「多吃豬肉才有力量工作」，要求她們吃下豬肉 —— 雖然信仰不允許她們吃豬肉，但世俗的恐懼仍然壓過了信仰，在金錢壓力以及擔心可能會被遣送回國的恐懼下，只好硬著頭皮吞下豬肉。

● 強迫食用豬肉，可構成「強制罪」？

刑法第 304 條第 1 項「強制罪」這樣規定：「以強暴、脅迫使人行無義務之事或妨害人行使權利者，處三年以下有期徒刑、拘役或三百元以下罰金。」在這個案子裡，張雯琳藉由用扣薪、遣送回國之類的理由，威脅移工們吃豬肉，就是強制罪的「脅迫」，而且移工們也不敢違背她的命令。

什麼是「無義務之事或妨害他人行使權利」？

三名移工信仰伊斯蘭教，根據教義，教徒不能吃豬肉。只要不違反法律規定，每個人都可以出於自由意志做自己想做的事 —— 包括受到宗教的戒律不吃豬肉。但是，張雯琳透過「脅迫」的方式，強迫三名穆斯林移工吃豬肉，就是「妨害他人行使權利」，妨害了三名穆斯林移工「根據信仰不吃豬肉的權利」。

信仰，不可以作為限制他人人權利的理由。相對的，我們也不能針對別人的信仰做出不合理的對待。

要換身分證，
指紋先拿來

2005

五月

11

換發身分證按指紋，
大法官踩煞車

2005 年 5 月 11 日，媒體報導戶政機關找出舊版身分證，
當時就要求要有指紋、血型等資料。
那時正因為身分證換發將要有指紋資料，引起諸多反彈。

● 國家要你指紋，如影隨形

　　你知道現行的身分證版本，差點要你「捺指紋」，才能請領身分
證嗎？

　　1998 年，行政院長想要推動「國民身分健保合一智慧卡」，所以
在當時《戶籍法》第 8 條規定：「請領身分證要捺指紋」，如果不捺指
紋就不發給你。

　　這當然引起很多人的反彈，認為捺指紋會侵害人民的隱私，最後

暫時沒有執行這項計畫。

而在通過《戶籍法》之後,行政院一直未執行,後來監察院提出糾正,歷經種種事情後,行政院決定在 2005 年 7 月換發國民身分證,並且要實施全民指紋建檔。但是民進黨團立委認為《戶籍法》第 8 條違憲,所以提出釋憲。

之後大法官作成釋字第 603 號解釋,宣告《戶籍法》第 8 條違憲,因此國家不可以「採集指紋發身分證」。

● 憲法沒有「隱私權」三個字?但捺指紋並不合理?

我們先說說結論,雖然憲法沒有明文規定隱私權是基本權利,但其實可以從第 22 條導出來:「凡人民之其他自由及權利,不妨害社會秩序公共利益者,均受憲法之保障。」換言之,人民是有隱私權的,而且國家可以「合理」限制。

大法官認為「指紋」屬於重要的個人資訊,因為若國家擁有你的指紋,你去過的地方留下指紋,將會很容易追查個人行動痕跡(豈不是有種被跟蹤的感覺)。雖然捺指紋是侵害隱私權,但還是要看這樣的侵害是否符合比例原則。

《戶籍法》並沒有明文強制捺指紋的目的是什麼,大法官說即使是為了達到證件防偽、防止冒領、冒用、辨識路倒病人、迷途失智者、無名屍體等目的,也是不合理的。因此宣告《戶籍法》第 8 條違憲,國家不可以「採集指紋發身分證」。

開黃腔賠十萬

1998

13

五月

高等法院通譯
對同事開黃腔，
法院判賠十萬

1998 年 5 月 13 日，
媒體報導一名高等法院通譯對同事開黃腔，
雖然那時候沒有性別工作平等法，
但法院用民法判他賠對方十萬元。

● 怎麼一回事

　　1996 年 5 月 30 日下午，臺灣高等法院的通譯李先生，對剛生完小孩的 A 小姐「開黃腔」，A 抗議後，李先生竟然回一句：「開黃腔又怎樣，不黃你會生子？」

　　一怒之下，A 一狀把李先生告上法院，因為當時專門防止職場性騷擾的工作平等法尚未出現，故只能訴諸民法的相關規定。

● 法院怎麼看

A 控告李先生對她開黃腔這件事違反民法第 195 條：「不法侵害他人之身體、健康、名譽或自由者，被害人雖非財產上之損害，亦得請求賠償相當之金額；其名譽被侵害者，並得請求為回復名譽之適當處分。」

1998 年法院判決出爐。法院認為，李先生的這句話暗指「生產後不久的婦人，有為不雅或不當的性行為」，具有嘲弄的意思。另外，事發地點在人來人往的公共場所，每個經過的人都可以聽到這些話。李先生在高等法院服務超過 20 年，比常人更有機會遇到各種紛爭案件，理論上更要小心應對。

綜合考量後，法院認為李先生的行為已達貶損原告 A 的名譽的程度，讓 A 的社會評價自有貶損。最後法官斟酌雙方當事人的經濟情況，判決李先生要賠償 A 小姐 10 萬元。

● 性別工作平等法出現後……

2002 年《兩性工作平等法》（2008 年更名《性別工作平等法》）上路後，面對職場性騷擾，有了更明確的法律規範來保障權益。

所謂的性騷擾，根據《性別工作平等法》第 12 條的規定有兩種情況：

第一是指工作時，任何人以「性相關需求」或「利用性別歧視的詞語、行為」，造成對勞工「具有敵意、威脅、冒犯性的工作環境，導致受雇者的人格尊嚴、自由受有損害；或是「雇主」用上述那些與性有關的言語，作為對「受雇、求職者」針對像是錄取工作、陞遷、考績等等交換條件，都是《性別工作平等法》規範的「性騷擾」。

開玩笑要適當，要不然顧人怨，還要賠十萬。

飲料下劇毒，放便利商店害死人

2005
五月
18
臺版「千面人」
在蠻牛下毒，
造成一死二重傷

2005年5月18日，
一名男子喝了蠻牛後送醫，最後不治身亡。
這是有臺版「千面人」的毒蠻牛事件中唯一一位死者。

● 「我有毒，請勿喝」喝了別怪我

　　這名男子在網路上搜尋到日本「千面人」案件，得知氰化鉀有劇毒致命性，於是把氰化鉀加到「蠻牛」、「保力達B」中，並把印有紅色「我有毒，請勿喝」字樣、綠色的毒性骷髏頭圖案的貼紙，貼在瓶身。

　　至於犯案動機為何呢？原本，他只是想藉著「飲料有毒」製造大眾恐慌，進而向廠商勒索。這個計畫看似天衣無縫，貼上字條告訴大家飲料有毒，可以預防消費者誤飲 —— 就算有人真的喝下去了，也可

以說自己沒有殺人的「故意」，藉此推卸殺人的刑責。換言之，他的本意和目的不是為了殺人，而是在於向廠商索取金錢。

但真的是這樣嗎？

● 法院怎麼說呢？

法院認為，在蠻牛下毒這件事已構成刑法上殺人罪的「間接故意」，法律上的意思是「行為人可以預見構成犯罪的事實，而且結果的發生不違背其本意」。

簡單來說，在毒蠻牛案中，該男子為了勒索廠商，雖然知道「把氰化鉀加入蠻牛，並且混雜在任何人都能輕易取得的便利商店貨物架上，可能造成他人誤飲而死亡的結果」，而他對於這個「可能」發生的結果「覺得沒差」，於是法院認為他把毒蠻牛在飲料櫃中，有殺人罪的「間接故意」，因此殺人罪還是會成立。

● 「毒蠻牛」不是第一個「千面人」？

所謂「千面人」是曾經在日本發生過的食品安全犯罪——在知名食品企業所生產、販售的食品中下毒，再向此知名企業進行勒索。1980 年代，臺灣也曾經盛行千面人案件，國內外的食品大廠，像是統一、義美、可口可樂等幾乎都無一倖免。

1999 年制定刑法增訂俗稱「千面人條款」的第 191 條之 1「對於流通食品施毒罪」。雖然「食品下毒」的犯罪在現今已經無以為繼，而輾轉而來的是「食品黑心」，我們無法預測未來還有哪些難題，但能夠思考並記取過去的教訓。

臺灣要世衛，
中國總是阻饒

2005

五月

19

臺灣可以
跟世界衛生組織
接觸嗎

2005年5月19日，
世界衛生大會審查「世界衛生條例修正案」，
臺灣確定納入「普世適用原則」，
臺灣雖非世界衛生大會的締約國，還是可以和世衛組織接觸。

● 普世原則是什麼？

　　「世界衛生條例」是為了建立全球防疫體系，換言之，如果有國家發生疫情可以得到世衛組織的協助，防止疫情在國際間擴散。臺灣因為一直以來不被認為是國家或政治實體而被排除在外，但是這樣將會造成防疫漏洞，所以「普世原則」的納入，讓臺灣仍然可以和世衛組織接觸。

這是基於人權的考量，讓世界衛生條例可以涵蓋全人類，在疫情發生之下可以得到世衛組織的協助。另外，讓臺灣在不是締約國的情形下，普世原則可以當作臺灣與世衛組織接觸的法律基礎。

　　但是，真的有那麼理想嗎？

　　普世原則的理念在於保護世界上所有人，不被國際間傳播的疾病所害。而世界衛生條例有要求締約國通報、核實疫情的義務。但臺灣不是締約國，如果發生引起國際關切的疫情，又有相關人員拒絕通報或不同意進入國內調查疫情時，在沒有配套措施的情形下，可能難以貫徹普世原則。

　　普世原則本身能否當作法源基礎也有問題，也就是可否當作強制世衛組織與臺灣接觸的理由。世界衛生組織憲章有「享有最高健康標準，是每個人的權利」等相關的規定，臺灣也曾以此為主張，如果不讓我們加入締約國，就是侵害人權、違反憲章，但是臺灣一直無法成為世界衛生組織的會員國。

● 實惠不實

　　2019 年 5 月 20 日在瑞士召開的「世界衛生大會」，在常常說要當我們「朋友」的中國反對下，這是世界衛生組織第三次沒有邀請臺灣參加。

　　大概就是你以為的和平，跟他以為的和平不一樣；我以為的普世，也跟他以為的普世不一樣，因為「China definitely loves to fuck us over」。

　　然而，在國際間仍有許多支持臺灣的聲音，要不顧北京反對團結起來。

民選總統，
不是你要就有

1996

五月

20

首任民選總統
李登輝宣誓就職

1996 年 5 月 20 日，
第一任民選總統李登輝宣誓就職。

● **民選總統，「沒那麼簡單」？**

　　第一次總統直選在 1996 年 —— 其實距離現在並沒有很多年，但這個直選得來不易。

　　1947 年中華民國選出國民大會代表以及立法委員後，1949 年因為中國內戰失利，這批民意代表跟著逃到臺灣來，來了以後一直沒有改選。好不容易在野百合學運以及大法官解釋下，1992 年全面改選，臺灣終於有了自己選出來的立法委員以及國大代表。

時間來到 1994 年，國民大會通過憲法增修條文第 2 條第 1 項：
「總統選舉方式自第九任總統改由人民直接投票產生。」才正式確立總統民選。但這條其實在當時引起很大的爭議，在政治上分成支持和不支持「直選總統」的兩方。

支持直選總統陣營以李登輝、許信良等民進黨人士和無黨籍組成的總統直選聯盟為主；堅決反對直接民選總統的陣營，以郝柏村、馬英九等國民黨人士為代表。而雙方爭議的點在於「權力正當性」的問題，也就是這個民選的總統，是「誰」的總統？

支持方認為這個總統是「臺灣人」的總統，李登輝曾受訪表示從 1991 年的修憲開始，中華民國憲法限縮其施行地區於臺灣，也因為立院與國民大會只從臺灣人中選出，因此臺灣具有代表性與治理的正當性；反對者則認為這個總統是「中國」的總統，但你只是一個臺灣島，不能代表中國其他地方的人民選出中（華民）國的總統。

● 民選總統先吃我飛彈

島內的反應熱烈，國際上也非常「關心」，當年甚至發生「臺灣海峽飛彈危機」，中共為了表示反對臺灣總統直選，發動一系列的軍事演習。連續發射 3 枚飛彈，彈著點就在基隆和高雄外海，投票日前後還進行三軍聯合演習，美國甚至因此派遣航空母艦介入協防。

最後則是在 1996 年 3 月 23 日，完成總統大選，由李登輝擔任第一位民選總統。

立法院的招牌
第一次被拆下來

1988

五月

21

解嚴後
最大的農民運動：
520運動

1988年5月21日，
520農民運動被警方驅離。

● 最大規模的農民抗爭

　　1988年，李登輝政府決定要擴大開放外國農產品，引起農民的各種恐慌，政府與農民雙方積極溝通後卻沒有任何結果。5月20日，以雲林縣農權會為主的一群農民北上抗議「農業開放」，大批農民聚集在臺北車站前面，前往現在的自由廣場，提出七項訴求。後來農民甚至與警察發生衝突 —— 有人認為，當時衝突的起因是部分參與遊行者在青菜底下藏石塊，向警方投擲因此產生衝突；但也有人認為，政

府故意安插自己人在遊行裡惹事引發衝突。

　　警民雙方的衝突從下午兩點，一路到 21 號凌晨時分，政府出動水車強力驅離，前來幫忙的學生首當其衝，總計 130 多人被捕。

● **抗爭訴求是什麼？**

　　當時農民提出「七大訴求」，分別為：「全面辦理農保及農眷保、降低肥料售價、增加稻米保證收購價格與面積、廢止農會總幹事遴選、改革農田水利會、成立農業部、農地自由買賣。」簡單來說，就是訴求農業政策的改善，保障農民的權益。

　　例如其中的農保，就是希望透過國家的保險制度，分散農民靠天吃飯的風險。改革農田水利會，則是希望農民的權益不要被少數人給把持。

● **30 年後的今天，有比較好嗎？**

　　根據媒體報導，30 年後的今天，七大訴求中政府似乎勉強只做到其中 3 項，包括兌現肥料自由買賣、推動農田水利會改制為公務機關、成立農業部等。至於另外 4 項訴求，現任農委會主委陳吉仲認為仍有很大的改善空間，雖然目前農民和眷屬享有農保，但仍有人批評整體政策的保障不夠周全。

　　520 農運是解嚴後臺灣第一起大規模的社會運動，也影響了接下來的野百合運動。

一個殺人如麻的
法案終於被廢止

1991

五月

22

臺灣近代史的
大悲劇

1991 年 5 月 22 日，
《懲治叛亂條例》經總統宣告廢止，
侵害臺灣人權近 50 年的白色恐怖時期正式結束。

● **臺灣的黑暗時代**

　　1949 年政府全面實施戒嚴，並通過《懲治叛亂條例》，這大概也是臺灣歷史上最可怕的法律。在這部法律的實施下，任何批評或思想不同於政府的人，都會被情治單位以「意圖顛覆政權」的罪名帶走。許多人就因為組讀書會、在日記批評政府、或是聽到鄰居討論臺灣獨立，就被政府無理由的沒收財產、逮捕，甚至喪失性命。

而《懲治叛亂條例》並非隨著政府宣布解嚴而被廢除，這部法律仍然是政府鎮壓人民的工具。直到 1991 年，情資人員無理由地進入大學帶走研究臺灣史的研究生的「獨臺會案」爆發，終於引起全臺社會劇烈反彈，在輿論壓力下，《懲治叛亂條例》經由立法院三讀通過廢除，在 1991 年的今天正式由總統宣告廢止。

● 轉型正義不是翻舊帳

　白色恐怖時期的公權力長期遭到國家濫用，造成許多冤獄事件，人民基本言論或隱私完全失去保障，人權受國家嚴重侵害超過 40 年。

　此前，人民的基本權利被國家機器剝奪地淋漓盡致，在《懲治叛亂條例》被廢除近 30 年的今天，當我們自由地發表自己的看法，批評社會現況或政治人物時，是否應該認知到言論自由的可貴，打從內心地珍惜自由發表自己想法的權利，並懂得善加利用，時刻注意這個何其珍貴的權利，是否正受到他人的滲透破壞，近而動搖我們的民主體制。

　畢竟，民主從來不是天上掉下來的，你現在所謂的歲月靜好，只不過是有人為你負重前行。

臺灣與巴西的
搶人大戰

2001
五月
23

吳憶樺
到底歸誰呢？

2001 年 5 月 23 日，
媒體報導一位名叫吳憶樺的五歲小男孩，
因為監護權的問題引起全臺的關注，
更延伸到外交事務及民族情緒。

● 故事始末：爭奪小孩！

　　故事的主角吳憶樺出生在巴西，父親吳登樹是臺灣人，母親瑪莉亞則是當年父親在跑船務時結識的巴西籍女子，兩人產下一子，彼此卻無婚姻關係。不幸的是，瑪莉亞後來罹患血癌，在吳憶樺三歲時病逝。母親離世後，吳登樹到了巴西法院將孩子監護權交給外祖母羅莎監護，之後吳憶樺就和羅莎住在一起直到五歲，父親才將他帶回臺灣。這是他第一次踏上臺灣的土地。

好景不常，父親回臺後突然心臟病發身亡，吳憶樺成了孤兒，巴西外祖母希望他回到巴西，但叔叔吳火眼卻要求小孩留在臺灣，好完成兄長的遺願。雙方爭執不下，大家都想要小孩，而在法律上，吳憶樺的監護權究竟屬於誰，則成為本案最大爭議。

● 臺灣人叔叔 vs. 巴西外婆

這個案子的癥結點在於，一般來說未成年子女的監護人是父母。但如果有一天父母都不在了，誰來承擔監護孩子？根據民法第 1094 條規定，父母因死亡而沒有遺囑指定監護人時，依下列順序定其監護人：一、與未成年人同居之祖父母。二、與未成年人同居之兄姊。三、不與未成年人同居之祖父母。

回到這個案子，吳憶樺父母雙亡，卻沒有遺囑指定監護人。雖然吳火眼主張哥哥逝世前曾囑咐他，務必扶養吳憶樺在臺灣完成學業。但因為這只是口頭請託，並未留下任何音檔或書面資料，無法證明這個就是法律規定的「遺囑」，法院在審判時並未列入證據。所以根據法律規定，只有吳憶樺祖父母和兄姊可能有監護人之資格，叔叔根本沒有資格爭取。於是，法院判決監護權歸巴西外婆羅莎。

● 判決合理嗎？

法院在本案法律的適用上其實沒什麼問題。但如果考慮到叔叔吳火眼和外婆羅莎的扶養能力，以及吳憶樺自己也想留在臺灣，對於這個判決，或許可以有重新思考的空間。更何況，這個判決影響了吳憶樺的一生。是對是錯，或許我們永遠也不會有答案。

2014 年外婆過世後，吳憶樺如何再次回到臺灣，回來後發生什麼事，又是另一個故事了。

就是現在，
同志終於
可以結婚

2019

五月

24

一個
走了非常久的故事

2019 年 5 月 24 日，
同志終於可以結婚。

● **臺灣同運的歷程**

　　1986 年，祁家威召開國際記者會公開出櫃同志身分，他是臺灣第一個向社會大眾出櫃的同志。2003 年，臺灣舉辦第一屆同志遊行，路線從 228 和平紀念公園經過紅樓劇場，約 2,000 人參與，當時的臺北市長馬英九在遊行結束後，上台致詞。

　　2006 年，蕭美琴、余政道、林淑芬、鄭運鵬等 4 位立法委員，提出《同性婚姻法》草案，在黨內同志連署下跨足門檻。但一讀宣讀後，在委員會上遭到賴士葆等 21 名立法委員阻擋，最後法案胎死腹中。2013 年尤美女、鄭麗君等 22 人提出台灣伴侶權益推動聯盟版本的

《民法》修正案，隔年進行審議。但在當時的政府法務部、國民黨籍立法委員的反對下，未有結論。直到 2016 年，國會改選後才終於完成一讀。

● 釋字 748 號解釋通過

2017 年 5 月 24 日，司法院公布釋字第 748 號解釋，解釋中明確表示同性和異性沒有不同，現況下民法沒有保障同性婚姻，違反憲法所保障的平等權以及婚姻自由，因此違憲。另外大法官表示，2019 年 5 月 24 日一定要將法律制定好，要用專法或是修民法，大法官採開放態度。

● 2018 年公投挫敗，同志婚姻確定用專法

2018 年 11 月 24 日，反同方所提的三項公投通過，確定不更動《民法》條文，只能制定一部符合釋字所建構的「專法」。

● 《司法院釋字第 748 號解釋施行法》通過，
同志，終於可以結婚

2019 年 5 月 17 日，民進黨雖然受到選區反同方極大的壓力下，仍和時代力量聯手將《司法院大法官釋字 748 號解釋施行法》通過，臺灣成為亞洲第一個同性婚姻合法化的國家。

雖然專法不完美，民法仍然是最好的答案。但不論如何，從祁家威先生出櫃那天，點燃了臺灣對於同志議題的討論以及長跑了 32 年的運動之後，終於在今天，同志可以結婚了。

行政院長上台，
不需立院同意？

1978

五月

26

要當行政院長，
後來只需
總統提名就好

1978 年 5 月 26 日，
立法院同意孫運璿為行政院長。

● **過去想當行政院長，要立法院點頭**

以前行政院長的產生，需要總統提名，立法院同意。行政院是國家最高行政機關，所以行政院長的職權就是管理整個國家的行政事務。

● **現在，要當行政院長，只需要總統提名就好**

1997 年修憲後，將行政院長的產生改成只需「總統提名」，不必再經過立法院同意。

● 這樣有什麼影響呢？

過去中華民國憲法「本文」，並沒有規定「總統直選」；行政院的部分，則規定「行政院是國家最高行政機關」，所以整個國家的權力核心似乎比較接近「行政院長」。

後來，在輿論要求下，第三次修憲在「憲法增修條文」新增「總統直選」的規定，因此國家的狀態移向「雙首長制」。但問題是，典型雙首長制的國家如法國，是法國人選出總統後，總統提名閣揆時，仍要經過國會的同意。但為什麼臺灣在這次修憲，將「立法院同意權」修掉？

許多人認為這是政治妥協，但也有人認為，當時李登輝提名郝柏村擔任行政院長，受到許多黨內同志的杯葛，所以決定廢除同意權。

而這樣的改變，也深深影響後來的憲政發展。正因為行政院長的提名權完全掌握在總統手上，所以總統也在人民直選後，慢慢成為整個國家權力的核心，一直到現在。

沒有死刑，
真的不對嗎？

2005

五月

27

千面人事件兇手，
沒有被判死刑

2005 年 5 月 27 日，
蠻牛千面人事件的兇手王進展，被警方逮補到案。

● 事發經過

　　2005 年，王進展在蠻牛裡下毒後擺回便利商店貨架上，許多人因而誤飲，造成 1 死 3 重傷的悲劇（詳細的經過我們在 5/18 交代了，大家可以翻來看喔）。

● 從死刑到無期徒刑

　　檢察官起訴王進展涉犯流通物下毒罪、殺人罪和殺人未遂罪等。下一個問題是，法院如果認為這幾罪都成立，怎麼判刑？

案子一路從一審到更三審，法院都認為被告成立殺人罪，判了5次死刑。然而在 2009 年，高等法院臺中分院更四審逆轉。法院認為，被告的行為成立「流通食品下毒致死罪」，不是殺人罪，所以判處無期徒刑。

　　法院判決的理由，認為王進展多次當庭強調他沒有要殺人的意思，他不知道氰化物毒性這麼大；除此之外，他刻意在瓶身外貼上警告圖示，用意是提醒他人不要誤飲。法律上要定罪，除了判斷客觀上有無犯罪行為，也會將被告「主觀意思」納入審判。於是，最後法院採信被告主張，改判成立「流通食品下毒致死罪」。

　　後來，更四審判決被上訴後，最高法院撤銷發回，臺中高分院更五審判決再次翻盤，被告成立殺人罪，考量到被告並沒有「直接」的殺人故意，所以處無期徒刑。2010 年，最高法院駁回上訴，全案定讞。

　　當得知王進展沒有被判死刑時，你可能有情緒，甚至是憤怒。但試著想想《我們與惡的距離》這部劇所要傳達給我們的理念，把一個案件脈絡摸清楚，努看完判決原文，或許會有更清楚的想法。

　　此事件之後，保力達公司的蠻牛系列飲料都在瓶口增加保護膜，防止憾事再度發生。

和通緝犯同名怎麼辦？

改名，
也是一個基本權利

1997 年 5 月 28 日，
因為很多人在追白曉燕案的嫌犯，
臺北市民政局提醒，和嫌犯同名者，
為避免當事人困擾，可以申請改名。

● 同名同姓好困擾！

假如你爸媽幫你取名叫做「黃苟使」，希望你一生都走狗屎運，但你長大後發現一直被人取笑，所以一直申請改名，且一共改了三次。最後發現你的名字竟然和一個通緝犯一樣！剛好新聞一直在宣傳要大家幫忙找犯人，所以你覺得很困擾，這時候你可以再申請改名嗎？

22 年前就是因為白曉燕案，有人的名字和當時的犯人一樣，因而不堪其擾，所以民政局特別提醒同名民眾可以申請改名。

● **你有聽過《姓名條例》嗎？**

　　我們其實有一部法律，叫做《姓名條例》，根據其中第 9 條第 1 項第 6 款規定，如果「字義粗俗不雅、音譯過長或有特殊原因」可以改三次。但是如果你被認領、被收養、與三親等以內直系尊親屬名字完全相同，根據同一個條文的其他款規定，改名的次數不限；其中，這也包含與經通緝有案之人犯姓名完全相同喔！

　　那回來看一下「字詞粗俗不雅、音譯過長或有特殊原因」這個規定吧！本來姓名粗不粗俗、有沒有特殊原因，是由主管機關認定。而那時內政部表示，姓名不雅是字面上就看的出不雅，如果只是讀音上，像是「黃苟使」，那就不算！

　　但是大法官做出解釋，認為姓名權是人格權，人民想如何取名是憲法所保障的！所以內政部不能這麼武斷地認定所謂「粗不粗俗」，就算只是讀音不雅其實也會造成當事人困擾，因此認為內政部原本的說法違憲。

　　也因此，現在改名的規定放寬了不少。比如有人的名字可以取作「邱議員」，或者是「黃宏成台灣阿成世界偉人財神總統」，可見大法官解釋之後，大家在命名上確實自由多了。

過高屏溪
殺人無罪

1995

31

五月

屏東縣議長
被判死刑

1995 年 5 月 31 日，屏東縣議長鄭太吉在法庭上，
承認開槍射殺友人鍾源峰。

● 議長殺人？鄭太吉是誰？

　　鄭太吉是二十幾年前的政治人物，他早年因為殺人服過刑，後來
加入國民黨，1990 年當選屏東縣議長。在他的政治生涯中有許多荒唐
事蹟，比如賄選、傷人，還組成了「棒球隊」，曾經因為不滿《民眾日報》
的報導內容，率領「棒球隊」帶著球棒砸了民眾日報的報社，造成一
名主管重傷，兩名同事因為推擠輕傷。

　　甚至也有傳言，鄭太吉曾公開宣示「過高屏溪，殺人無罪」。

　　但最讓人咋舌的，大概是終結他政治生命的一件殺人案，也就是
「鍾源峰命案」。鄭太吉與鍾源峰本來是朋友，但因金錢上的糾紛，他

在 1994 年 12 月 13 日凌晨找上鍾源峰,與同夥聯手開了 16 槍,當著鍾源峰老母親的面以行刑式槍擊殺死鍾源峰。

事件發生後三天,時任民進黨立委蔡式淵,直接在立法院點名「鄭太吉」殺人並稱鄭太吉關說,國民黨立法院黨團書記長曾永權、縣長伍澤元等人阻撓檢方辦案。

● 點名過後

點名之後事件開始延燒,新聞記者開始報導,檢察長也擔心偵辦案件檢察官的安危,要求警員在檢察官宿舍門口站崗。在輿論的壓力下,鄭太吉找了律師陪同,主動向檢察官說明案情。訊問過後,檢察官認為鄭太吉涉嫌重大而下令羈押禁見。

歷經五年多次更審,鄭太吉終於被判處死刑確定,2000 年 8 月 21 日在高雄監獄刑場執行槍決,結束了鄭太吉大起大落的人生。

● 臺灣的民代還不只這樣

在鄭太吉之後,違法亂紀的地方民意代表當然沒有絕跡,比如臺南議長吳健保涉嫌中華職棒假球案、盜採曾文溪砂石、圍標等犯罪;又或是屏東縣議長林清都在議長選舉中,以每票 50 萬元向議員買票;苗栗縣議員吳昌運因為與同為競選議員的韓茂賢有糾紛,持槍殺人未遂並找人頂罪。

不論是立委或者議員,民意代表都是我們一票一票選出來的,試問有多少人可以接受,那個應該立法並監督政府的人、那個代表我們意見的人,竟然自己就在違反法律?

做好功課,投對人,並且呼籲身旁的人一起,這才是身在民主社會的我們應該做的事。

JUNE

六月

國家機器，
似乎動得很厲害

我自白，我殺人

2013

六月

1

只有自白
能不能定罪呢？

2013年6月1日，
新聞媒體報導一名殺人犯因為良心不安向警方自首。

● 逃離法網 20 年

　　1991年，一名婦人被發現陳屍在家中，法醫認定被害人是因為顱內出血死亡，由於犯案地點人煙稀少，當時又缺乏監視器，因此成為懸案。2010年，一名陳姓男子前往派出所自首，根據他的「自白」，他說當年找被害人借錢被拒絕，於是和黃姓友人一同搶奪財物，並以棍棒將被害人打死。

　　陳姓男子在「自白」中，也表示為了故佈疑陣，他把被害人的褲子脫下，誤導警方朝性侵害案件偵辦，還用水盆清洗棍棒，藉此湮滅血跡和指紋，由於被醫院診斷出糖尿病，覺得自己將不久於人世，而

案件又快超過《刑法》當時規定的 20 年追訴期，對於被害人心生愧疚，才到派出所自首。

● 不是都坦承犯案了嗎？

不是已經有陳姓男子的「自白」了嗎？都承認了為什麼還能無罪呢？

所謂的「自白」，就是被懷疑有犯罪的人，對於自己可能的「犯罪事實」作出的「陳述」。而正是因為「自白」這麼強大，過去常常發生警察或檢察官刑求犯罪嫌疑人，逼他們為自己沒有做的事，作出「自白」承認犯罪，進而造成冤案的產生。

為了避免「自白」成為定罪的唯一基礎而導致刑求和冤案的發生，《刑事訴訟法》中就規定，被告的「自白」不能作為唯一證據，還是必須要調查其他的證據補強。

● 故事，沒有那麼簡單

其實檢察官並不是只有以「自白」為證據，地方法院認為陳姓男子的「自白」與他在審理時的陳述前後不一；除此之外，他曾向醫生表示自己會胡思亂想，覺得自己有殺人。地方法院在多方考量後，認定「自白」和其他證據都不足採信，因此判決無罪。

不過，檢察官上訴後，經過高等法院重新審視證據，則認為有些應該只有犯罪者和家屬知情的線索，陳姓男子都能指出來，而且陳姓男子在作出「自白」時，精神狀況良好，經過鑑定確定沒有精神疾病，已經足夠證明犯罪事實是陳姓男子所為，最後改判 8 年有期徒刑。

如果我們單純因為一個人坦承犯罪就定他的罪，那會難保被告是威脅或被利誘而成為代罪羔羊，所以自白絕對不能當作唯一證據。

選不贏，
就不讓你選？

1990

六月

2

台北市長
選舉制度歷史

1990 年 6 月 2 日，黃大洲被「派任」擔任臺北市市長，
也成為歷史上最後一任「官派」市長。

● 第一次選舉，1951 年？

　　大概大家有印象以來，第一次的臺北市長選舉，是 1994 年由陳
水扁當選臺北市長，但臺北市長的「直選」曾經被取消。其實真正的
直選，要回到 1951 年。當時行政院頒布《臺灣省各縣市實施地方自治
綱要》，所以各縣市可以開始由人民選出自己的縣市長，當時臺北市
是「省轄市」，所以也可以開始選。

　　第一任市長當選者是吳三連，第二任是高玉樹，兩人都是當時著
名的人士。有趣的是，兩人都是無黨籍且透過選舉打敗國民黨。所以
在高玉樹想要尋求連任第二屆時，當時就發生過去選舉很常發生的「關

燈事件」，而高玉樹也因此敗下陣來，由國民黨的黃啟瑞當選，而高玉樹為了避免動亂，也在競選辦事處貼出「君子不計成敗，公道自在人心」、「寧可光榮的失敗，不求不光榮的勝利」等標語安撫民眾。

而在 10 年後，高玉樹再戰，但是這次也不容易，在高玉樹號招一群大學生，拿著手電筒監票下，再度當選成為臺北市長。

● 收回選舉？

由於臺北市長屢次被黨外人士攻下，國民黨黨中央對此感到非常不滿，時任的行政院長陳誠更批評，為什麼要為了一個臺北市長的選舉，讓黨工幹部投入選戰，而且還輸掉？因此在 1967 年，臺北市改制為院轄市，依《臺北市各級組織及實施地方自治綱要》第 17 條規定，市長受行政院指揮監督，在院轄市自治法規尚未公布前，市長由行政院任命，免職時亦同。

表面上好像升格，但實際上臺北市長改成「官派」，而政府也對高玉樹進行收編，高玉樹也成為院轄市第一任官派市長。而後每一任官派都是由國民黨黨籍的政治人物出任，例如林洋港、李登輝、吳伯雄等人，而最後一任官派市長由黃大洲出任。

而後在社會的民主萌芽底下，1994 年 7 月 29 日公布《直轄市自治法》，將院轄市更名為「直轄市」，同時規定直轄市市長由市公民選舉產生，任期 4 年，連選得連任一次。臺北市長選任方式也算到了終點，時隔 30 年，再度改回「人民直選」。

首起沒有屍體
的命案

2006

六月

3

兇手被判無期，
遺體下落不明

2006年6月3日，一名殺人犯被判處無期徒刑，
但遺體下落依舊成謎。

● 一條人命就此不見蹤影

　　兇手殺人被判處無期徒刑並不少見，但少見的是，被害者的遺體至今仍未被尋獲。

　　2003 年，一名女子離奇失蹤。該女子屋內擺設也沒有異狀，但卻在浴室內發現上百處血跡。警方發現在被害人失蹤前，曾接到兇手的電話，並與他約在住處見面。兇手一開始矢口否認，直到警方搜索他當時所開的車，並在車上及後車箱發現多處被害人血跡後，兇手才坦承犯案。

　　兇手落網後，雖然立刻被檢察官羈押，但直到整個訴訟過程結束，

他始終不願交代案發經過及屍體位置，僅承認因工廠經營不善，需借錢花用才引發殺機。即便被害人遺體至始皆未被尋獲，但本起命案透過調查單位科學辦案，以血跡形態形成證據進而逮捕兇嫌。成為一起沒找到死者遺體，也成立殺人罪的司法首例。

● 沒有「直接證據」怎麼成立殺人？

證據，是確定犯罪事實成立的證明，如果沒有證據就不能認定犯罪事實，而且當證據無法「明確」證明犯罪時，應該認為被告是無罪的。以是否能單獨證明犯罪的主要事實，法律上區分成「直接證據」與「間接證據」兩種類型。

前者能「單獨」、「直接」證明犯罪的主要事實。後者由於不能直接證明犯罪事實，因此必須透過「推理」的方式，向法官證明某項證據足以證明犯罪成立。本案中在被害人浴室和兇手妹妹車上找到的被害人血跡，就是最好的例子。

因此，除了浴室內的血跡外，檢察官在提出在後車箱找到的被害人血跡作為推論，認為這攤血，很可能是從死者遺體流下來，沾染滲透到後車箱絨布墊，甚至是備胎上。

由於兇手無法解釋後車箱的被害人血跡，法院按自由心證，最後判決兇手殺人罪成立。

六四：
一場大屠殺

1989

六月

4

六四天安門事件

1989年6月4日，
北京天安門廣場原本有成千上萬名學生群聚遊行，
爭取民主制度，
但卻在凌晨時，被軍隊鎮壓驅離，震驚全世界。

● 屠殺的起因

　　1989年4月15日，前中共中央總書記胡耀邦逝世，大批學生至天安門廣場表達悼念，並追思胡耀邦的改革觀點，要求政府應該要實施民主與自由。然而面對眾多民眾的抗議遊行，中國政府漸漸開始擔憂，認為這次的抗議遊行可能會推翻共產黨政權，因而對天安門的遊行轉向保守，出現了要以強硬立場解決的聲音，並將遊行定調為一場「陰謀」與「動亂」。中國政府開始滲透遊行內部群眾，並以匿名投書

報紙的方式，指稱天安門遊行中有別有用心的人想要推翻中國政權，試圖製造分裂；或是以民眾的身分混入，帶風向引起混亂，想讓整場運動分裂。然而這樣的做法卻激起了學生的怒火，使得學生更為團結，更支持這場遊行活動。

面對從 4 月開始的長期遊行示威與罷課，眾多國際媒體也紛紛報導，中國政府備感壓力，開始實施戒嚴並撤換溫和派。同時，反對戒嚴與接見學生的時任中央總書記趙紫陽，也改由主張強硬立場的鄧小平取代他的地位。最終在 6 月 3 日的晚間至 4 日，中國政府下達清場令，開始在天安門及周邊清場，以武力對付手無寸鐵的學生與民眾，不僅以機關槍掃射，更以坦克碾壓人群，造成死傷無數，有人也因為被活生生碾過，當場立見白骨，從昏迷醒來後，雙腳就此消失。

然而究竟多少人死亡，仍舊是一個謎，因為在此之後，中國政府便封鎖消息，進行高壓的新聞及言論管控，逮捕肅清異己並沒收媒體的底片器材，變成極為可怕的威權統治。

● **經過三十周年，真相仍在哭泣**

中國在看待六四事件，是主張遊行群眾中有恐怖分子，因此政府當然必須平定這場動亂，以維護國家的安全的藉口來合理化軍事行為，至今仍然認為是西方媒體在抹黑，更透過教育讓許多人民蒙在鼓裡，以「當年沒在現場怎麼能確信屠殺有發生？」的態度，質疑六四血腥鎮壓的真實性。同時政府也迫使當年許多參與者流浪海外，至今回不了中國，並且認為當年行動有其正確性，且也不斷強調那不是「鎮壓」。

想想中國，想想臺灣。

我是警察，
叫你就不要廢話！

2003

六月

5

警察，
可以隨意臨檢嗎？

2003 年 6 月 5 日，立法院三讀通過《警察職權行使法》，
警察臨檢從此有了界限。

● 路上散個步，就被攔下來

1998 年，某天晚上 9 點，李先生在臺北橋上散步，剛好有幾名
警察在橋上道路臨檢。警察見到李先生晚上獨自一人行走，覺得他很
可疑，便要求李先生出示身分證件。由於李先生剛好沒帶證件在身上
所以拒絕出示，警察仍然對李先生的「衣褲外緣」盤查，李先生因為
患有精神疾病，情緒控制能力比較不好，一時情緒激動對警察飆罵三
字經而被移送法辦。

李先生認為他沒有犯罪，警察未持「搜索票」便對他進行「搜身」
已經違法。但法院認為警察是依照《警察勤務條例》進行「臨檢」，並

未違法，判決李先生敗訴；李先生認為法院判決書引用的《警察勤務條例》，只規定了臨檢的「定義」，卻沒有規定可以臨檢的「狀況」和「方法」等，法律的規定不明確，有違憲的疑慮，因此聲請大法官解釋。

● 臨檢應該怎麼做？

大法官在釋字第 535 號解釋認為，只要是臨檢，就會影響人民的行動自由和隱私等權利，必須有法律的明確規範才行。但《警察勤務條例》卻沒有「明確規定」臨檢的狀況和方法，應該要檢討修正。

2003 年，立法院通過《警察職權行使法》，裡面規定警察行使職權時，應該「穿著制服」或「出示證件」表明警察的身分，並且「告知理由」，如果警察沒有做到，人民可以拒絕接受。另外，警察只有在「有合理理由」懷疑人民「與犯罪有關」時，或是為了「防止犯罪、處理重大公共安全或社會秩序事件」而有必要時等情形，才可以查證人民的身分。如果人民認為警察沒有依法行使職權，而侵害了自己的權益，可以在警察行使職權的時候提出「異議」，要求警察製作「紀錄」給自己，並提出「訴願」或「行政訴訟」。

● 主張權利並不是刁民

每次臨檢，我們都會看到新聞留言出現：「沒有犯罪，幹嘛怕警察？」我們同意，警察臨檢是為了維持公共安全和社會秩序，但是這樣的公權力在行使時也有其界線，否則警察如果可以隨意臨檢，是否就有可能造成警察臨檢自己有「興趣」的對象，來獲取其個資。

「我是為你好」，也必須要有界線，才會讓國家公權力的行使擺在一個精確的位置上。

為了國家寶藏，
連續殺害 7 人

1983

六月

6

徐東志被判
3 個死刑定讞

1983 年 6 月 6 日，在 7 年間連續殺害 7 人的徐東志，
被宣判 3 個死刑定讞，創下當時中華民國司法史的紀錄。

● 日本犯罪集團要我殺人

　　徐東志是一位電器工人，在 1979 年時，由於他的女友 A、友人 B，
以及另一位熟識女子 C 接連失蹤，讓警方從他這裡找上門來。徐東志
卻宣稱這三人是偷渡到日本拍色情電影，甚至還說有日本犯罪集團在
操縱此事；而當時日本警方正巧同時破獲一案臺灣人從事色情行業，
同時日臺間偷渡、走私及色情犯罪也很活躍，警方自然認為真有其事。
　　而 C 本來與徐東志同居，但感情不合，金錢關係複雜；A 則是紅
牌酒家女，與徐東志認識後同居，似乎與 B 此三人有感情糾紛，後來
當然並未找到偷渡至日本的船，也沒有幕後日本犯罪集團。

於是徐東志只好坦承：人是他殺的。

後來更在臺南縣關廟鄉一處挖出三男一女四具屍體，經過指認後，發現是與徐東志到臺東縣太麻里金針山「挖黃金」後失蹤的四個人。而徐東志辯稱，這四人被殺的原因，是因為有日本人帶領他們到金針山看寶藏點，真的是如此嗎？

回到事發的 1982 年，徐東志對這四人稱金針山有日本人留下的黃金，四人信以為真並決定跟他一同前往挖寶，徐東志帶著自製的大型鐵桶，告訴他們是拿來裝黃金，還可以躲警察的工具，而最後這四人被裝進這個大鐵桶，並注入毒氣，成為四人葬身之處，徐東志再將鐵桶帶回臺南滅屍。當時辦案的檢察官說，徐東志口中所說都只是虛構，為的只是取信他人，騙此四人的錢，後來騙局被拆穿，徐東志只好一不做二不休，殺人滅口。

● 彰顯法治，給個交代？

徐東志案從 3 月爆發，5 月被檢察官起訴，並依「速審速決」，在 6 月被宣判死刑定讞，且在隔年 5 月被執行死刑。

然而這樣的「速審速決」真的是好的嗎？試想，如果今天即將被處死刑的人，大家都覺得罪證確鑿，而實際上這個案子是有問題的，這樣我們有機會反省嗎？

事後證明有問題的案子，例如江國慶案、蘇建和案、鄭性澤案、徐自強案，哪一個不是當初認為的「罪證確鑿」？哪一個當初大家不希望可以趕快「速審速決」？

或許面對悲劇，最不缺的就是情緒，而我們或許需要的，是深思熟慮。

市議員爆料，
竟然是假的！

2005

9

六月

自導又自演
「腳尾飯事件」造假

2005年6月9日，親民黨發布聲明表示，
「腳尾飯事件」的臺北市議員王育誠，
親民黨將無限期停權。

● 腳尾飯事件

　　所謂腳尾飯，是人們在逝世者的腳邊放上的一碗米飯，配上一顆
熟鴨蛋以及其他菜色，並且於飯上垂直插上一雙筷子。目的是讓死者
能夠於地府報到前先吃飽，好上路。

　　2005年王育誠「爆料」某殯葬業者，在告別式結束後，將腳尾
飯送到公館的某自助餐店，讓店家使用這些「死者家屬原本要提供給
死者的餐點」，二次加工後再製成豆腐乳混入菜餚等，以提供給民眾

食用，並出示影片作為「證據」。消息傳開後，造成公館附近店家與學生的恐慌。

● 這一切都是假的

後來，有人在影片中發現了王育誠助理的身影，於是有媒體質疑錄影帶的真實性。

經過查證，影片中的自助餐業者根本不存在，王育誠終於向大眾坦承，這起事件是模擬拍攝，不是事實。王育誠的助理、當時東森新聞 S 台的攝影組副組長、臨時演員等，均向檢調單位承認錄影帶造假，但聲明這件事「王育誠議員事前全然不知情」，一切都是他們自己所為的。

不過，輿論對於這種說法不買單，許多人認為這顯然是上頭出事，底下的小弟出來扛。

● 案件後續：刑事不起訴，民事賠償 325 萬

經檢察官偵辦後，認為影片中並沒有指名道姓，王的行為並沒有成立任何犯罪，因此不起訴。

民事賠償部分，總共有 46 家小吃店，針對不實影片造成他們無法營業或經營不下去的損失，要求王育誠賠償，並登報向受害店家道歉。最後，法院判決王育誠須賠償受害店家 325 萬元，而王育誠已經道歉，所以無須再登報。

2006 年，王育誠參選臺北市議員試圖連任，最後以 8,038 票慘敗；2010 年，王育誠再次參選臺北市議員，最後以選區最低票（5,022 票），再次慘敗。後來再也沒出現在政壇上。

一國兩制，
沒有法治

2014

六月

10

一國兩制白皮書，
「逃犯」將往中國輸

2014 年 6 月 10 日，
中國政府發布了對香港的「一國兩制」白皮書，
希望能夠在香港與英國分離後擁有完整的管制權，
香港也必須堅定地走在中國所認可的「一國兩制」道路。

● 「一國兩制」白皮書哪裡白？

　　這部白皮書是討論香港在中國的地位，以及未來的發展方向，並向大眾展示中國治理香港的成果。但是香港與中國終究有不同之處，因此中國認為要真正的落實一國兩制，並認為「一國」是指在中華人民共和國內，香港特別行政區是國家不可分離的部分，中央政府對香港特別行政區擁有全面管治權。

　　白皮書更指出：「香港特別行政區的高度自治權不是固有的，其

唯一來源是中央授權。香港特別行政區享有的高度自治權不是完全自治，也不是分權，而是中央授予的地方事務管理權。高度自治權的限度在於中央授予多少權力，香港特別行政區就享有多少權力，不存在『剩餘權力』。」

這段可以濃縮成一句話：朕不給的，你不能要。

中國發表白皮書被認為是要企圖影響香港，針對普選以及「占領中環」行動的施壓。白皮書發表之後，「占中」行動發起人陳健民就認為香港的兩制被一國壓倒，高度自主性已死。

● 意有所指？

鄧小平主張的一國兩制，是統一後臺灣可以保有自己的獨立性，可以和中國有不同的制度，並且司法獨立，終審權不需到北京。臺灣可以保有自己的軍隊，只是不能對中國產生威脅。臺灣的黨、政、軍等系統，都由臺灣自己來管。

因此，香港的一國兩制，成為未來「收復」臺灣的實驗據點。鄧小平甚至還說，「一國兩制、高度自治、港人治港、現有的資本主義生活方式，五十年不變。」同時《基本法》第 5 條也規定：「香港特別行政區不實行社會主義制度和政策，保持原有的資本主義制度和生活方式，五十年不變。」

至今，中國和香港之間的矛盾不斷加深，「一國兩制」到底有沒有真正落實？

還是中國自己不斷重新定義「一國兩制」？

拆不拆遷，
該怎麼辦

2006

六月

11

捷運機廠在我家，
樂生療養院被迫搬遷

2006 年 6 月 11 日，
上千名民眾，為了維護在新莊樂生療養院病友的生存權，
走上街頭抗爭。

● 樂生療養院？

　　樂生療養院建於日治時代，是臺灣過去唯一一所專門收容漢生病患的醫院。1930 年的醫療技術無法治癒當時稱做「痲瘋病」的漢生病，人們認為這無藥可醫且傳染力極高，所以日本政府採用「強制收容、絕對隔離」的集中營模式，強制將數千名漢生病患者關在病院。直到戰後，漢生病可以有效治療，人們不再畏懼，隔離制度才終於取消。

　　以為取消隔離，大家就幸福了嗎？

　　現實總是殘酷，因為許多人從年輕就被關進去，直到中老年才重

獲自由。但是，與社會斷絕接觸這麼多年，他們早已沒有家可回，於是數百位病友只能繼續以樂生療養院為「家」。

● 捷運被迫拆院，該何去何從

1994 年，因為臺北捷運新莊線機廠選址的關係，導致樂生療養院面臨拆遷的困境。當時，院方和臺北市政府捷運工程局協商後，達成「先建造、後拆除」的共識。所以捷運 2002 年先開工，之後才陸續拆除樂生療養院 70% 的建築。剩下的 30%，成了各界關注的焦點。

當時，臺北市政府捷運工程局不斷強調「沒有那座機廠，新莊線不能通車」，後續提出各種方案，想要解決這個燙手山芋。但都被批判無法達成「保護古蹟」和「院民居住」等核心重點。最後在 2007 年，行政院公共工程委員會表示，將保留 40 棟房舍，拆遷重組 9 棟房屋，並迅速拍板定案。沒想到的是，由學生組成的「青年樂生聯盟」後來發現，政府沒有說話算話，院舍實際上只保存了 28 棟，與當初說好的相差甚遠。

於是爭議四起，而機廠還是沒有蓋好。但在 2012 年，臺北市政府捷運工程局卻不再堅持，「沒有機廠」的新莊線通車了。

● 現今的重建與規劃

後來，衛福部負責主導「國家漢生病醫療人權園區」計畫，邀請樂生療養院、臺北市政府捷運工程局、新北市政府文化局等共同商討重建事宜。看似用心關注樂生居民的權益，但實際上卻排除這些居民的參與；表面上利用重建院舍、創建園區以保護人權的名義，來達成政府真有在做事的表徵。

然而，或許真正需要投入關懷的，並非透過建設人權園區來教育下一代，而是傾聽這群阿公阿嬤的心聲，並作出真正有益維護他們權益的政策。

你知道
什麼是「大赦」嗎？

1997

六月

12

行政院提案
通過大赦「平反」
228 事件受難者

1997 年 6 月 12 日，
行政院曾提出針對 228 事件中
被判刑的受難者實施大赦。

● 清白洗刷了嗎？

　　1947 年的 228 事件，無情的槍口下奪走了無數寶貴的性命，造成不少家庭破碎，也在臺灣歷史上劃下難以抹滅的族群傷痕。不少受到牽連的民眾在事件後的白色恐怖時期，被控以莫須有的罪名判刑入獄或遭到槍斃。

　　大約 40 年後，行政院曾在院會中通過對於因 228 事件而被判刑的受難者，實施大赦的提案，同時恢復未被判刑者的名譽，想藉此方式使受難者及家屬擺脫事件陰影。當大赦案送立法院審議時，許多立

委認為，實施大赦並無法完全洗刷全部受難者的清白，並強烈要求政府對 228 事件的資料應重新調查，因而退回提案。

● 大赦不是一個好方法？

在說明為何無法還給受難者清白前，我們先來認識一下什麼是大赦。

大赦是憲法上專屬總統的赦免權之一，由行政院院會通過，立法院議決，再由總統全國性地宣布某個「特定犯罪」不再是法律上禁止的「犯罪行為」。

我們時常耳聞的特赦，只針對「特定罪犯」，他的做過的事仍然是「犯罪」，只是藉由「特赦」把他的「有罪」去除。如再犯一樣的罪，一樣會受到刑事制裁，這點與大赦不同。

大赦案在 228 事件後約 40 年才提出，在這期間早已有難以估計的受難者被判刑而離開人世，或在獄中無故浪費人生的大好光陰。政府希望透過大赦，撫平對受難者及家屬的傷痛，但卻未對社會公開 228 事件的完整資料。

事件已經造成，歷史的錯誤無法回頭，族群的傷痕需要透過實際作為來修補。

與其將大赦作為解決問題的方法，不如開誠布公地還原事件的所有資料，向受難者及家屬們道歉及給予賠償，並透過政府的影響力證明所有含冤入獄或因而被處死的人們之清白。

我們在歐洲
只剩下梵蒂岡
一個邦交國

2001

六月

13

馬其頓斷交

2001年6月13日，
馬其頓方傳出將與中（華人民共和國）國建交，
台馬兩年多的外交關係岌岌可危。

● 馬其頓在哪裡？

　　馬其頓是位於東南歐的巴爾幹半島南部的內陸國家，但現在已經改名為北馬其頓共和國了，簡稱為「北馬其頓」。

　　而會選擇改國名，是因為「馬其頓」原是亞歷山大大帝在古希臘時期統治帝國的名稱，馬其頓帝國把希臘文明傳播到中東各地。而希臘認為由馬其頓斯拉夫族所建立的國家無權使用「屬於希臘的名稱」作為國名、認為馬其頓是「盜用」了希臘的輝煌歷史。

　　雖然世界上有133個國家支持「馬其頓」這個國名，但是，聯合國、

日本、德國，用「前南斯拉夫的馬其頓共和國」稱呼馬其頓共和國（聽起來跟「中華臺北」有 87% 像）。後來，馬其頓與希臘達成協議，將國名正式改為北馬其頓共和國，以結束兩國長久以來的爭議。

● 要邦交幹嘛？歐洲竟然還有一個朋友在挺臺？！

所謂國家，必須包含人民、領土、政府、主權，而主權又可以說是與其他國家交往的能力。因此，邦交國存在的意義，就是用來承認一個國家在國際上有沒有與其他國家交往的能力，如果具備這個能力了，便可以成為真正的國家。

馬其頓的斷交，也意味著歐洲僅剩一個國家與中華民國有外交關係──那就是梵蒂岡。梵蒂岡是非常重要的外交指標，因為，梵蒂岡是天主教教宗的所在地，而主要信仰天主教的中南美洲，也是目前世界上最多與中華民國有外交關係的地區（9 個國家），如果梵蒂岡與中華民國斷交，很有可能就會影響到與中南美洲國家的外交關係。

當中國不斷透過斷邦交國或禁止參與國際會議等手段打壓臺灣，這樣的方式只會造成臺灣與中國的衝突升溫，人民對於中國的印象變得更加厭惡，也將無法增進更多交流或互信。

面對這樣不斷打壓我們的國家，我們究竟該怎麼辦呢？

你還年輕，
不准投票？

2015

六月

16

18 歲的投票權，
究竟要去哪？

2015 年 6 月 16 日，立法院修憲朝野協商破局，
社運團體「島國前進」因不滿修憲延宕，
衝進國民黨立委賴士葆的辦公室，遭到警方強制驅離。

● **未能完成的第八次修憲**

　　2005 年，「台灣少年權益與福利促進聯盟（台少盟）」參考各國降低投票年齡的案例，開始推動「18 歲投票權」的運動，並與許多公民團體組成聯盟，共同進行倡議活動。而後在 318 學運及九合一大選結果的影響下，國民兩黨的立法委員共同提案成立「修憲委員會」，啟動修憲工程。此時民間團體對於「18 歲投票權」的倡議達到高點，因此成為修憲的重點項目之一。

　　2015 年國民兩黨展開協商，除了有共識的「18 歲投票權」及「不分區立委席次分配門檻 3%」以外，民進黨提出「降低修憲門檻」、「廢

除考試、監察兩院」及「公民社會權利入憲」等要求，國民黨則拋出「不在籍投票」及立法院的「閣揆同意權」，並要求一併通過，反對先通過有共識的項目，最後朝野協商破局，造成「18 歲投票權」被擱置，無法在 2016 年總統及立委大選前完成。

● 18 歲該不該有投票權？

依照《中華民國憲法》規定，中華民國國民年滿 20 歲即有選舉權。與臺灣比鄰的日本，為了因應人口結構老化、青年與老人比例失衡而造成的「老人政治」問題而推動「18 歲投票權」，日本首相安倍晉三在 2012 年時就將「降低投票年齡」作為政見，並在 2015 年修法通過；而香港更是早在 1995 年就下修了投票年齡。

● 參與政治，是每個人的權利

2017 年立法院通過《公民投票法》修正案，破除「鳥籠公投」，其中內容也包括將公投年齡下降至 18 歲，「台少盟」祕書長葉大華表示，這是 18 歲青少年擁有「公民權」的第一步。有些人認為，18 歲青年的生活經驗大多都來自學校和家庭，可能不具備足夠的視野和心智參與公共事務。但對政客短視近利的「選舉牛肉」買單，或是未經獨立思考就跟著周圍的人一起追捧特定的候選人，難道這只限於年輕人嗎？

正如 1960 年代，越戰時期美國青年吶喊的一樣：「夠年齡去打仗，也夠年齡去投票。」年滿 18 歲的青少年就必須服兵役，哪天迫不得已要面臨戰爭時，你能想像自己甚至不能決定把你送上戰場的人嗎？

如果 18 歲可以投公投、犯罪要負刑事責任，也必須盡義務，那似乎我們沒有理由限制 20 歲才能投票。

臺灣史上第一起
網路誹謗案

1998 年 6 月 17 日，
臺灣出現第一宗在「網路」上對教授發表評論，
被法院以成立誹謗罪而判刑。

● 網路上罵人，被告妨害名譽的始祖

　　一名大學生在 BBS 站上以「另一種形式之強暴」為題發表文章，
內容指出系上某教授抄襲學生上課的摘要當作自己論文的素材，並
表示「不知有多少成為學術研究補助計畫下未支薪的文稿」，還將文
字內容做成海報貼在政大的看板上。但該教授主張，自己並沒有抄襲，
因此提告該學生誹謗罪。

　　一審法院認為該學生指摘足以毀損他人名譽的事實，已構成加重
誹謗罪，判決拘役 55 天。而二審的高等法院則認為，學生無法證明

抄襲這件事是事實，且對教授的指摘依社會通念，足以讓人對教授的名譽產生貶抑的可能，對教授的學術地位有危險，所以還是維持原判。

● **「公然侮辱罪」和「誹謗罪」要怎麼區分？**

　　經常會有人把兩個罪搞混，我們來簡單介紹一下。

　　公然侮辱是指「抽象的謾罵而足以減損特定人之聲譽者」，例如「你這個王八蛋！」；而誹謗罪則是「指摘或傳述足以毀害他人名譽之具體的事實」，例如「你抄襲！」。通常認為公然侮辱罪所要保護的名譽為「個人主觀名譽」，是指自己對於社會評價，所產生的主觀感受；而誹謗罪則是「社會評價名譽」，也就是社會大眾對於這個人的價值判斷。

　　另外誹謗罪有規定，比起一般口述的方式罵人，如果是用文字或圖畫有形的方式傳述，還會成立加重誹謗罪。所以在網路上的內容有涉及毀損別人名譽的情況，通常都會以加重論處。

● **是不是只要毀損名譽，就會成罪？**

　　不一定！如果你能夠證明你說的話是「真實」，就不罰誹謗。而且有時並非要求完全真實，只要有「相當理由」確信可能是真實的就可以。畢竟有時真的無法確定一件事 100% 的真實性，有些事情可能只有 70% 確定性，但如果要求事情一定要 100% 確定真實，則會阻礙社會資訊傳遞，過度限制言論自由，所以在釋字 509 號解釋，大法官就認為如果有「相當理由」確信一件事情，就不會被罰誹謗，但相當理由的判斷，還是需要個案來認定。

　　所以下次問：「我這樣罵，他這樣罵，可以告嗎？」答案是一定可以告，但告不告得贏，永遠都要個案判斷。

因為冤案，
被國家偷走 21 年
的青春

1996

六月

18

最高法院召開記者會，
認為蘇建和案
死刑判決並沒有錯

1996 年 6 月 18 日，
最高法院公布蘇建和案研討結論，
認為應該還是要維持死刑。

● 蘇建和案是什麼？

（故事可以翻到 1/13 複習喔）

在過去，大家都認為法官是要獨立審判的，所以法官必須對所有的想法和論述，透過判決來呈現，不應該對外評論，避免社會大眾因為法官的發言而對於判決有了既定的立場，進而不信任司法。

因此在《法官倫理規範》中，就有規定：「法官對於繫屬中或即將繫屬之案件，不得公開發表可能影響裁判或程序公正之言論。但依合理之預期，不足以影響裁判或程序公正，或本於職務上所必要之公開

解說者，不在此限。」這樣的概念也稱作「法官不語」，所以大家應該很少看到法官針對個案對外進行發言，雖然規範是針對「判決前」不能發言，但法官認為判決就是最好的回應，所以就算是判決後，也鮮少看到判決的法官出來發言。

但因蘇建和案爭議太大，判決定讞後，時任檢察總長為了他三度提起非常上訴都被駁回。民間也因此成立救援大隊，國際特赦組織甚至將本案列為「非文明國家的判決」。

時任法務部長馬英九也因此表示：「只要還有一點疑點，我們就不會執行死刑。」等於宣告法務部不會依法執行蘇建和三人的死刑。

● 法官在記者會強調：「三名被告罪證確鑿！」

因此 1996 年 3 月，本案更二審的審判長李相助法官召開記者會，抨擊法務部不執行死刑，破壞體制，更強調本案絕對不冤枉。甚至記者會上還有法官宣稱：「像我考試都第一名啊，絕對不會判錯啦！」

後來，檢察總長陳涵第四度提起非常上訴，最高法院為了施壓最高檢察署，又再度在 1996 年的今天，支持蘇建和案死刑判決。最高法院書記官長白文漳強調，三名被告罪證確鑿，最高法院過去三度駁回檢察總長的非常上訴，維持原本的死刑判決並沒有問題，且質疑外界只憑著片面之詞指責最高法院侵害人權。

● 在司法程序中虛度的人生

後來，也因發現新證據，2000 年高等法院裁定開啟再審，蘇建和案藉由再審，得到平反的機會。

但事情還遠遠沒有結束，蘇建和三人在司法程序中又耗了十幾年的時間。2003 年 1 月 13 日，蘇建和三人終於獲得第一次無罪判決，但之後被最高法院撤銷，並發回更審。2007 年，高等法院更一審再次逆轉，判處三人死刑，隨後這個死刑判決又被最高法院撤銷，發回高等法院。2010 年，高等法院更二審再次判決三人無罪；2011 年，最高法院再次撤銷這個無罪判決。

直到 2012 年更三審，高等法院判決無罪，全案依刑事妥速審判法第八條的規定不能上訴，纏訟 21 年的「蘇建和三死囚案」終於無罪定讞落幕。

或許，只有不斷修正程序，才能避免這樣的悲劇。

無 罪 推 定 ？

雖然蘇建和案無罪定讞了，但就如當初他們被判死刑時一樣，總會有人站出來質疑判決有沒有問題。甚至有人說那是因為當時蒐證技術不夠，之後大家對證據的要求提高了，所以才會無法定他們的罪。這種說法背後的意思，就是「我心中早有定見，你就是有做，只是礙於人權保障以及程序正義這些綁手綁腳的規定，所以我才無法處罰你，實現真正的正義」。

但這種說法可以通過「無罪推定」的檢驗嗎？無罪推定是當代刑事訴訟的重要原則之一，意思是如果沒有證據證明你有罪，那你就是無罪。而上述「技術不夠」的說法，明顯就是違背了無罪推定的原則，預先認定你就是有做，那些證據堆疊出來的事實我不相信。

我們不是神也不是柯南，我們只能看到一部分的真相，所以不管你有再正當的目的，都應該審慎看待自己握有的權力，才能避免更多無可挽回的遺憾。

真的是
少時不讀書，
長大當記者嗎？

2007

六月

19

引爆媒體群起圍攻的
「腳尾米事件」

2007 年 6 月 19 日，蘋果新聞報導
數名世新大學的學生製作紀錄片《腳尾米》並放上網路，
批判臺灣媒體亂象，蘋果日報以全版面頭版刊登，
引發臺灣媒體的群起圍攻。

● 一場媒體界的大騙局

　　2006 年，幾名世新大學的港澳僑生，看不過臺灣媒體時常播報未經查證、斷章取義或是沒有營養的新聞，於是決定拍攝紀錄片提出批判。紀錄片中，他們採訪了來自香港或臺灣的民眾、媒體界學者和學生，詢問對於當地媒體的看法，再設計兩個假事件傳真給七家電視新聞部進行實驗，引誘媒體前來採訪。

　　這兩個假事件中，其中一件是由一名學生告訴記者，愛狗因為車

禍去世，有天發現家中的狗糧會自己倒下，又發現地板上有狗毛，感覺是愛狗的靈魂回來見她，實際上狗狗不僅沒有去世，狗毛也是事先剪下的。另一名學生則是告訴記者自己在網路上購買「運氣瓶」，買了以後不僅與吵架的朋友和好了，發票還中了獎；實際上拍賣網站上的資訊，是實驗的學生自己刊登的。而在媒體採訪過後，果不其然，成功讓四家媒體在電視新聞上播報這兩個假事件。

2007 年，這幾名學生將命名為《腳尾米》的紀錄片製作完成並放上網路，蘋果日報採訪了這幾名學生以後，以全版面刊登在自家報紙頭版上，不僅引起輿論，也對臺灣媒體造成衝擊。

● **臺灣媒體怎麼回應？**

拍攝學生在紀錄片中指出，不論是記者訪問還是新聞播送都有許多問題，例如記者訪問時，會像電影導演一樣要求受訪者做出特定的動作，又或是故意詢問傷心往事，藉此拍到自己想要的畫面。不僅如此，還在未經受訪者同意的情況下，將個人資料公開在新聞上。然而，在紀錄片公佈後，各大電視媒體並沒有先進行自我檢討，反而以新聞指責學生造假的行為並引導輿論，而四家播放假新聞的媒體當中，只有一家表示歉意。

● **全部都是媒體的錯？**

記得在《我們與惡的距離》這部劇中，呈現出了新聞工作者在收視率與專業品質間的兩難。民眾總說討厭「腥羶色」和「偏頗不實」的新聞，為何卻又頻頻對這類新聞或不信任的媒體買單？華視新聞主播也表示，觀眾想看的優質新聞，媒體在做的同時卻也讓收視率重挫，讓新聞團隊不禁迷惘，是否臺灣民眾的胃口就是如此？

有沒有想過，有什麼樣的政治，有什麼樣的新聞，其實就代表我們有怎麼樣的「人民」呢？

難道我回家
也要
偷偷摸摸的嗎？

1990

六月

20

歌手侯德健
被中國驅逐出境後
「偷渡」回臺灣

1990 年 6 月 20 日，
被中國軟禁並驅逐出境的侯德健被發現偷渡回臺。

● 侯德健是誰？

　　校園民歌在 1970 年代的臺灣相當風行，侯德健是當時紅極一時的音樂人，他的代表作〈龍的傳人〉風靡於華語世界，隨著這首歌四處傳唱，很快地便成為當時家喻戶曉的歌手。

　　六四事件時，人在中國的侯德健和劉曉波等人在天安門廣場發起絕食 72 小時，聲援民主運動。事件後，侯德健與夥伴再次策劃在六四事件一周年當天召開國際記者會，公布要求中共釋放全體政治犯的公開信，希望引起世界關注，但他卻遭到中國公安軟禁並驅逐出境。

他在中國福州被押上一艘軍艦，駛到公海後隨即被丟到一艘臺灣漁船，於是他便以「偷渡」方式回來臺灣。

在蘇澳上岸後他便立即自首，在家人及調查局人員的陪同下到地檢署報到。檢察官認為侯德健涉嫌偷渡，違反《國家安全法》，向法院聲請羈押後並移送臺北看守所。隔天，檢察官向侯德健訊問後，認為無羈押必要便當場命責付，並通知侯德健的母親前來辦理領回。

● 什麼是保全程序？

在法院審理案件前，為了避免有犯罪嫌疑之人害怕被處罰而逍遙法外，因此法律上規定，對於有可被羈押的原因事實，但卻沒有必要羈押嫌疑人時，可以對其採行「保全程序」，確保未來的審理程序能確實進行。

在保全程序中，有「具保」和「限制住居」及「責付」三種方式。而具保和限制住居最常出現於電視新聞中，前者又被稱作保釋，也就是要當事人提出相當金錢，保證以後能夠隨傳隨到，作為不羈押或者停止羈押的條件；後者是命令當事人或被告必須住在現在或指定的住所，而代替羈押之方法。

而「責付」就是法院指定一個「監視者」看你有沒有確實到庭，並督促當事人隨傳隨到的一種制度。

通常法院會選擇家人、里長或當事人的律師作為受責付人，在這段期間內，當事人都必須向受責付人報告行蹤，受責付人則要督促被告在後續程序中出席。

為了白米，
我就要
到處放炸彈？

2007

六月

21

白米炸彈客
有沒有罪？

2007 年 6 月 21 日，
「白米炸彈客」楊儒門獲得總統陳水扁特赦而出獄。

● **為什麼有白米炸彈**

　　因為臺灣在成為 WTO 會員後開始開放進口國外稻米，楊儒門認為這對本土農業有很大影響，所以他向政府及媒體表達稻米政策的想法，但未獲重視。為了替農民請命，他在 2003 年到 2004 年間，策畫 17 起的白米炸彈案，目的是引起政府注意並表達訴求。

　　當時，他在大安森林公園、教育部等地都曾設置炸彈，炸彈上寫有「不要進口稻米，政府要照顧人民」等文字，在這期間他也投書媒體，表達他的訴求。但因為媒體都沒有報導他的訴求，反而跑去問神明是誰放炸彈，他的訴求完全被忽視。

所以 2004 年 11 月 26 日，楊儒門在弟弟的偕同下前往警局自首，他承認是他製作炸彈並放置在公眾場合，目的是希望政府重視進口稻米議題。

● 法院怎麼看楊儒門

第一審的法官認為，楊儒門沒有刑法第 59 條「顯可憫恕」減刑的情況，只符合自首的規定將他減刑。法官在判決書中指出，如果認定楊儒門的行為「顯可憫恕」，就等於鼓勵人民為了表達自己的訴求，可以採用暴力手段，這對社會不是好事。因此，判決楊儒門有期徒刑 7 年 6 個月。

而二審的法官則有不同的看法，在判決書中提出許多楊儒門「顯可憫恕」的情況，比如楊儒門的成長背景、犯罪之動機目的等，甚至還提到當時負責稻米進口談判的證人賴幸媛，賴認為楊儒門的行動在當時成為談判籌碼，對公共利益有產生一定的效果。

所以綜合各種情形，除了自首有減刑，可以再用刑法第 59 條減一次。因此最後以違反槍砲彈藥刀械管制條例第 7 條「製造爆裂物罪」及刑法第 151 條「恐嚇公眾罪」，處有期徒刑 5 年 10 個月，併科罰金新台幣 10 萬元。

後來，楊儒門和檢察官都沒有上訴第三審，全案定讞。

● 楊儒門後來怎麼了

2007 年的今天，時任總統陳水扁表示「（楊儒門）其情可憫，並已服刑多年，表現良好，應無再犯之虞」，因此簽字核准「特赦」楊儒門。

出獄後的楊儒門，回到彰化種田，並創立了「248 農學市集」、「彩田友善契作」等，積極改善農產通路、培養農友自主性，至今仍在為農業發展盡一份力。

臺灣史上
最多人死亡
的空難

2002

六月

23

華航澎湖空難，
法院判決
賠償 3,000 萬

2002 年 6 月 23 日，
華航 Cl611 號班機的殘骸在澎湖海域被尋獲。

● 臺灣史上最多人死亡的空難

　　2002 年 5 月 25 日，華航 CI611 號班機從桃園機場起飛後 30 分鐘，在澎湖上空解體墜海，機上 225 人全數罹難。
　　後來，經過飛安會調查，發現失事飛機 1980 年機尾的部分曾經受損，但維修時並未遵照維修手冊上的方式維修，造成日後金屬疲勞，最後導致飛機在這次飛行過程中解體墜毀。

● 誰要負責

後來，華航也因此付出了鉅額的賠償，由於受害者眾多，甚至其中一對罹難者夫妻，他們的子女因為無法認可華航提出的賠償金，因此起訴華航，請求華航必須依據民用航空法的規定賠償 1,500 萬元，並依照民法的規定給他們 1,500 萬元的精神慰撫金，而且兩個人分開算，所以總共是 6,000 萬元。

華航則認為，《航空客貨損害賠償辦法》規定死亡的賠償上限是 300 萬元，但為了安撫家屬，因此提高賠償到 1,420 萬元。不過，這個論點不被法院採納。

法院最後認為，原告的父母在本次空難中罹難，造成他們精神上痛苦不堪，因此華航每造成一個人死亡，就應該賠償死者家屬 750 萬元。而本案兩個原告各有兩個親屬死亡，所以華航要賠償他們各 1,500 萬元，合計 3,000 萬。

刑事責任方面，1980 年未能妥善維修飛機的華航工程師孫冀昌，檢察官也因此將他以涉嫌犯業務過失致死罪起訴。不過，後來孫冀昌在 2012 年過世，法院也只好依照刑事訴訟法的規定，以被告死亡為理由判決不受理。

希望未來再也不要發生這樣的憾事。

罷免總統
有多難

2006 年 6 月 27 日,立法院表決陳水扁的總統罷免案,
但因為最後未達法定最低門檻,總統罷免提案不成立。

● 事情的開始是這樣的

　　2005 年爆發「高雄捷運外勞弊案」後,當時前總統陳水扁及與
他有關的親信與家人們,接二連三地傳出了多起貪污弊案,包含女婿
趙建銘涉及的內線交易案、妻子吳淑珍被控介入總統府的國務機要費
案等,讓陳水扁的聲望不斷下跌。於是,當時任職立委的丁守中與呂
學樟等人,2006 年分別提出對陳水扁的「總統罷免案」,獲得當時國
民黨與親民黨全部立法委員連署而超過提案門檻,交付立法院表決。
　　這起總統罷免案在 2006 年的今天進行表決,民進黨及台聯分別
以要求立委不進場投票或投廢票的方式表達反對,縱使國民黨、親民

黨及無黨籍立委等當時國會多數席次立委皆投贊成票，但由於贊成的投票數未超過法律規定的「2/3 立法委員同意」，也就是 148 票的同意門檻（當時立委人數為 225 人），因此這起總統罷免案不成立，依法無法舉行後續的罷免公投。

● 罷免總統的重重考驗？

讓我們來看看，依照憲法增修條文規定，若要罷免總統或副總統大概要經過哪些流程呢？

① 超過 1/4 的立委提案連署，也就是需要 29 位立委連署提議，即成立罷免提案。

② 罷免案成立後，立法院的程序委員會就會將提案排入議程，並於交付全院委員會的 15 天內，完成對罷免提案的審查。

③ 罷免的提案審查通過後，如果要成立罷免案，需經過全體立委 2/3 以上投票同意罷免才能成立有效的罷免案，並交付全國人民投票。此外，人民投票的結果必須超過全國可以選舉的人數「過半數投票」，且有效投票數「過半數同意」，罷免總統、副總統的公民投票才為有效且通過（例如全台灣人有 120 人，其中有 100 人可以投票，那至少要 51 人出來投票；且假設就是 51 人出來投票，要有 26 票通過才能罷免成功）。

④ 最後如果公投有效且通過了，中選會會在公投結束後 7 天內向全國公告，被提案罷免的總統、副總統就會在中選會公告日那天開始，解除原本的職務。

不過截至目前為止，連罷免總統、副總統的提案，至今仍未曾有效成立。

當一個
景美女中學生
魂斷在軍史館

1999

六月

28

可怕的
軍史館強制性交
殺人案

1999 年 6 月 28 日，一名軍人在國軍歷史文物館，
對一名景美女中學生強制性交後殺害。
國防部因此召開懲處審議會，確定收押嫌犯郭慶和，
並對前史譯局長、前軍史館館長、
國防部常務次長及軍務局長等人祭出懲處。

● 我在軍史館找資料卻找不到回家的路

　　1999 年 6 月 19 日的下午，一名景美女中學生去軍史館找報告的
資料，與哥哥相約一小時後軍史館外面接她。到了約定的時間，女學
生並未出現，當天值勤的軍人跟哥哥說沒有看到女學生，而女學生也
並未回家，女學生的家人只好向警局通報失蹤。

　　報案後警方陪同家屬前往軍史館尋找女學生時，軍史館卻以不是

開放時間為由拒絕警方進入。幾天後，軍方讓警方及家屬進入軍史館內，卻還是堅持不讓他們進入館長室。

後來，軍方被要求交出監視器畫面，軍史館推託當天沒有錄影，甚至拿 5 月 19 日的錄影畫面來搪塞。女學生家境並不富有，也沒有感情糾紛，不像是擄人勒贖，因此偵辦方向終將直指最後失蹤地點 —— 軍史館，整件案情並沒有那麼單純，甚至可能就是兇殺案。

警方找來當天值勤，並向哥哥說未看到女學生的軍人，供他指認，而當天那位軍人就是一兵郭慶和。警方看到郭慶和胸口有抓痕，便想要訊問，軍方卻攔阻，並稱郭慶和是軍人，應該要由軍事檢察官訊問。但受害者為一般人，檢察官也已經介入偵查，因此當然不一定要由軍事檢察官訊問。

最後郭慶和自承犯案，他將女學生騙到館長室強制性交，女學生反抗抓傷他、將館長室水管踢斷，最後郭慶和將其勒斃死後姦屍，屍體丟在板橋五權公園。

● 人死了疑點帶不走

《陸海空軍刑法》於 2001 年修正前，當時的「強姦罪」（後來修正為「強制性交罪」）是唯一死刑的罪名。因此郭慶和在同年 7 月 19 日被判處死刑，並在 8 月 3 日執行死刑。

當時的軍事審判制度為了速審速決，採取一審一覆判制，也就是軍官自行成立軍事法庭為第一審，再由國防部進行覆判。直到江國慶案後，1999 年 10 月才修法為三級三審制，讓訴訟制度更加完善，也保障人民的訴訟權。

或許最好的解決辦法，就是建立起良善的程序機制。畢竟快速滿足大眾的期待，有時就是悲劇的開始。

將近 200 位警察
涉嫌貪污

2001 年 6 月 29 日，轟動警界高層的周人蔘弊案，
當時的分局長、督察長等高階警官逆轉無罪。

● 周人蔘是誰？

　　1990 年代，周人蔘在臺北市中山、松山、萬華、大同等區，擁有數十家賭博性電玩店，是號稱身價百億的電玩大亨。但賭博畢竟是非法行業，警察只要一取締，生意就會受到很大影響，所以周人蔘透過各種關係，向當時的臺北市各轄區員警行賄，要求員警不要取締他的電玩事業。

　　1996 年 4 月本案爆發，捲入其中的官警人數創下歷史之最，檢察官當年針對此案共起訴 194 名被告，包括警官 38 人。

● 為什麼要行賄警察？

「賭色」自古以來都有著很大的需求，就算是在現今被禁的社會裡，還是有許多私下從事的業者。以之前的案例來看，當業者想要生存下來，如果不想躲開，或是躲不掉有取締權力的警察，勢必要想辦法讓警察睜一隻眼閉一隻眼。業者採取的手段便有可能是賄賂警察，換取警方減少臨檢或通風報信。

而上面所說警察與業者間的互動，便是成立「貪污罪」必須要考慮的「對價關係」，意思是：我送出去的錢，是為了要讓你做出某些行為，如果我送錢只是祝你生日快樂，而不是希望你做某些行為，那就不算有「對價關係」。

但大家如果想貪污，一定不可能寫白紙黑字講明「我給你一個月5萬做為代價，你之後要臨檢都要跟我說」這類根本欠逮捕的犯罪方法。比較有可能的情形是採用各種隱晦的說詞代替，或是巧立名目送錢，甚至是透過白手套聯絡，如此一來就很難找到證據。

因此有人批評把對價關係看得那麼重會讓貪污很難定罪，應該參考德國法律，放寬對價關係的認定標準，比如只要有想打好關係而提供利益，就可以成立收賄罪。

● 警察貪污怎麼辦？

回到周人蔘案，2001 年更二審，法官認為某些高階警官之所以從有罪變為無罪的理由，有些是因為被告的自白是「傳聞證據」（意思是法庭外的陳述，除非符合一定的例外，否則這些陳述都不能當作證據），不能採信；有些則是認為，雖然警察有從業者那拿到錢，但沒有對價關係，所以不是貪污。

國家圖書館出版品預行編目（CIP）資料

臺灣法曆:法律歷史上的今天／法律白話文運動 著.
-- 初版 . -- 臺北市 : 臺灣商務 , 2019.12
272 面；14.8×21 公分 . --（人文）
ISBN　978-957-05-3245-6（平裝）

1. 法律　　2. 通俗作品

580　　　　　　　　　　　　　　108019962

臺灣法曆
法律歷史上的今天

一月 .... 六月

作　　者 —— 法律白話文運動
發 行 人 —— 王春申
總 編 輯 —— 張曉蕊
責任編輯 —— 鄭莛
美術設計 —— 江孟達工作室

業務組長 —— 何思頓
行銷組長 —— 張家舜

出版發行 —— 臺灣商務印書館股份有限公司
　　　　　 23141 新北市新店區民權路 108-3 號 5 樓（同門市地址）
　　　　　 電話（02）8667-3712　　傳真（02）8667-3709
　　　　　 讀者服務專線 0800056196
　　　　　 郵撥 0000165-1
　　　　　 E-mail　ecptw@cptw.com.tw
　　　　　 網路書店網址　www.cptw.com.tw
　　　　　 Facebook　facebook.com.tw/ecptw

局版北市業字第 993 號
初　　版 —— 2020 年 1 月
初版五刷 —— 2020 年 12 月
印　　刷 —— 沈氏藝術印刷股份有限公司
定　　價 —— 新台幣 360 元
法律顧問 —— 何一芃律師事務所